马克思主义简明读本

解读《关于正确处理人民内部矛盾的问题》

丛书主编：韩喜平

本书著者：白　鹭

编　委　会：韩喜平　邵彦敏　吴宏政

王为全　罗克全　张中国

王　颖　石　英　里光年

吉林出版集团股份有限公司

图书在版编目（ＣＩＰ）数据

解读《关于正确处理人民内部矛盾的问题》/ 白鹭著. -- 长春：吉林
出版集团股份有限公司，2014.4（2019.2重印）
（马克思主义简明读本）

ISBN 978-7-5534-2644-0

Ⅰ.①解… Ⅱ.①白… Ⅲ.①《关于正确处理人民内部矛盾的问
题》—毛泽东著作—研究 Ⅳ.①A841.26

中国版本图书馆CIP数据核字（2013）第174163号

解读《关于正确处理人民内部矛盾的问题》
JIEDU GUANYU ZHENGQUE CHULI RENMIN NEIBU MAODUN DE WENTI

丛书主编：韩喜平
本书著者：白　鹭
项目策划：周海英　耿　宏
项目负责：周海英　耿　宏　宫志伟
责任编辑：金　昊
出　　版：吉林出版集团股份有限公司
发　　行：吉林出版集团社科图书有限公司
电　　话：0431-86012746
印　　刷：北京一鑫印务有限责任公司
开　　本：710mm×960mm 1/16
字　　数：100千字
印　　张：12
版　　次：2014年4月第1版
印　　次：2019年2月第3次印刷
书　　号：ISBN 978-7-5534-2644-0
定　　价：29.70元

如发现印装质量问题，影响阅读，请与出版方联系调换。0431-86012746

序　言

习近平总书记指出，青年最富有朝气、最富有梦想，青年兴则国家兴，青年强则国家强。青年是民族的未来，"中国梦"是我们的，更是青年一代的，实现中华民族伟大复兴的"中国梦"需要依靠广大青年的不断努力。

要提高青年人的理论素养。理论是科学化、系统化、观念化的复杂知识体系，也是认识问题、分析问题、解决问题的思想方法和工作方法。青年正处于世界观、方法论形成的关键时期，特别是在知识爆炸、文化快餐消费盛行的今天，如果能够静下心来学习一点理论知识，对于提高他们分析问题、辨别是非的能力有着很大的帮助。

要提高青年人的政治理论素养。青年是祖国的未来，是社会主义的建设者和接班人。党的十八大报告指出，回首近代以来中国波澜壮阔的历史，展望中华民族充满希望的未来，我们得出一个坚定的结论——实现中华民族伟大复兴，必须坚定不移地走中国特色社会主义道路。要建立青年人对中国特色社会主义的道路自信、理论自信、制度自信，就必须要对他们进行马克思主义理论教育，特别是中国特色社会主义理论体系教育。

要提高青年人的创新能力。创新是推动民族进步和社会发展的不竭动力，培养青年人的创新能力是全社会的重要职责。但创新从来都是继承与发展的统一，它需要知识的积淀，需要理论素养的提升。马克思主义理论是人类社会最为重大的理论创新，系统地学习马克思主义理论有助于青年人创新能力的提升。

要培养青年人的远大志向。"一个民族只有拥有那些关注天空的人，这个民族才有希望。如果一个民族只是关心眼下脚下的事情，这个民族是没有未来的。"马克思主义是关注人类自由与解放的理论，是胸怀世界、关注人类的理论，青年人志存高远，奋发有为，应该学会用马克思主义理论武装自己，胸怀世界，关注人类。

正是基于以上几点考虑，我们编写了这套《马克思主义简明读本》系列丛书，以便更全面地展示马克思主义理论基础知识。希望青年朋友们通过学习，能够切实收到成效。

韩喜平

2013年8月

目　录

引　言

　　1949年中华人民共和国成立了，宣告了在近代饱受帝国主义侵略和掠夺中国从此站起来了。但是由于帝国主义的大肆掠夺和国内的连年战争以及国民党发动派的剥削，导致新中国面临着"一穷二白"的窘境。就是在这样的历史背景下，以毛泽东为核心的第一代领导集体带领中国人民完成了对农业、手工业、资本主义工商业的三大改造，中国从此进入了社会主义社会初级阶段。与此同时，以毛泽东为首的中国共产党人也对中国社会主义改革和建设的理论进行了积极的探索。1957年毛泽东创造性地提出了要正确处理人民内部矛盾这一非常重要的理论，后经过修改和补充在《人民日报》上发表了《关于正确处理人民内部矛盾的问题》一文。这篇文章创立了社会主义社会矛盾的学说，并且对于新中国的社会主义改革和实践做出了积极有益的探索。

　　毛泽东在《关于正确处理人民内部矛盾的问题》一书中创

造性地提出了关于社会主义社会矛盾的学说和社会主义社会两类矛盾学说，并且把正确区分和处理人民内部矛盾作为了社会主义国家政治生活的主要内容。本书围绕着这个中心，一共分为十二个部分：第一部分是两类不同性质的矛盾；第二部分是肃反问题；第三部分是农业合作化问题；第四部分是工商业者问题；第五部分是知识分子问题；第六部分是少数民族问题；第七部分是统筹兼顾、适当安排；第八部分是关于百花齐放、百家争鸣、长期共存、互相监督；第九部分是关于少数人闹事问题；第十部分是坏事能否变成好事；第十一部分关于节约；第十二部分关于中国工业化道路。继毛泽东提出和创立人民内部矛盾学说这一理论之后，中国共产党在邓小平、江泽民、胡锦涛、习近平等几代领导人的带领下，对其进行了良好的继承和积极的创新，不断完善了正确处理人民内部矛盾这一正确理论。本文将会通过六章内容对毛泽东这篇文章进行解读，文章的第一章向大家介绍《关于正确处理人民内部矛盾的问题》产生的背景和这篇文献的重要意义；第二章和第三章集中分析第一部分；第四章，阐述正确处理人民内部矛盾是国家政治生活的主题，包含了第二到十一部分内容；第五章，集中阐述了第十二部分，即中国工业化道路；第六章则是根据我们之前对于这篇文献的学习，总结出它所存在的一些历史局限，以及这篇文章对于我们国家现在进行社会主义建设的价值。

学习、了解和研究《关于正确处理人民内部矛盾的问题》，对于加强我国全体人民尤其是青少年的政治认识和主流价值观念，正确认识和处理新形势下的人民内部矛盾问题，全面落实科学发展观，2020年全面建成小康社会，建设美丽中国，并最终实现每个国人的"中国梦"具有重要意义。

第一章 《关于正确处理人民内部矛盾的问题》的发表与意义

　　1978年之后，在邓小平的领导下，我国实行了改革开放这一正确的政策，我国的经济取得了举世瞩目的成就，社会各方面也有了比较大的发展。然而，在我们国家快速发展的同时，也出现了一些不容忽视的社会矛盾和问题，例如：我们国家的区域、城乡等方面的发展很不平衡，人口越来越多加大了资源环境的压力；我国各个层次群体的就业问题、收入分配、教育、住房、医疗、社会保障、社会治安等问题突出；国家政治、经济、文化、社会生态等各个方面制度和机制还不完善，在民主法制方面的建设还不够健全；社会上存在着诚信缺失、道德失范的问题，一些党政领导干部自身素质、工作能力和为人民服务的意识还不能完全适应新形势新任务的要求；一些领域仍然存在比较严重的腐败现象；国外国内的敌对势力渗透破坏活动危及到国家安全和社会稳定。这些突出的矛盾和问题如果处理得不好，非常可能引发社会冲突和社会动荡，进一步妨碍社会主义社会和谐稳定和全面建设小康社会的大局，更不利于实现中华民族伟大复兴的"中国梦"。

20世纪50年代，毛泽东发表了《关于正确处理人民内部矛盾的问题》，这篇文章创立了处理人民内部矛盾学说，这一学说包含了很多基本原理、原则和工作方法，具有普遍意义。中国共产党在毛泽东的带领下运用这一理论指导了新中国社会主义建设。《关于正确处理人民内部矛盾的问题》虽然是毛泽东在新中国建立初期进行国家建设的基础上提出来的，但是这一个理论作为一个经过事实和实践证明、对我们国家有用的理论，它的很多思想精髓可以拿来为我们今天的社会主义现代化建设事业服务。通过对《关于正确处理人民内部矛盾的问题》的学习、解读和实践的应用，对于解决我们国家转型期的各种社会问题，推动我国和谐社会的构建，实现中华民族伟大复兴具有非常重大的作用。

《关于正确处理人民内部矛盾的问题》这篇文章后来被收录在《毛泽东选集》之中。贯穿于全文的基本思想是，要把正确区分和处理人民内部矛盾作为社会主义国家政治生活的主要内容。围绕着这个中心，全文一共分为十二个部分：两类不同性质的矛盾；肃反问题；农业合作化问题；工商业者问题；知识分子问题；少数民族问题；统筹兼顾、适当安排；关于百花齐放、百家争鸣、长期共存、互相监督；关于少数人闹事问题；坏事能否变成好事；关于节约；中国工业化道路。下面我们将在第一章向大家介绍《关于正确处理人民内部矛盾的问题》产生的背景和这篇文献的重要意义；第二章和第三章集中分析第一部分；第四章，阐述正确处理人民内部矛盾是国家政治生活的主题，包含了第二到十一部分内容；第五章，集中阐述了第十二部分，即中国工业化道路；第六章则是根据我们之前对于这篇文献的学习，总结出它所存在的一些历史局限，以及这篇文章对于我们国家现在进行社会主义建设的价值。

在我国社会发展进入新的转型期和一些矛盾逐渐凸显的社会大背景下，党和政府能否正确认识和处理人民内部矛盾对于构建社会主义和谐社会、全面建成小康社会具有非常重大的意义。我们学习和解读《关于正确处理人民内部矛盾的问题》，就是要在现在这种发展背景之下坚持以毛泽东所提出的正确处理人民内部矛盾的方法和原则，将他运用到实践中，可以让我们在构建社会主义和谐社会的伟大事业中少走一些弯路，实现全面建成小康社会的宏伟目标。

第一节 《关于正确处理人民内部矛盾的问题》的发表

从1956年开始，国际、国内形势相对于新中国建立初期都发生了重大的变化，我国开始从建国初的新民主主义社会进入到了社会主义社会，这表明我国社会矛盾的性质和状况已经发生了根本变化。以毛泽东为核心的党的第一代领导集体带领全国各族人民开始进行全面社会主义建设。与此同时，国际共产主义运动也出现很大的思想混乱和剧烈动荡。毛泽东正是在这个非常时期写下了这篇宏伟著作。首先让我们从国际、国内不同形势来分析一下这篇文章产生的历史背景。

一、国际背景

从国际上来看，20世纪50年代国际局势从整体而言相对来说比较平静。第二次世界大战之后出现的革命高潮已经过去，帝国主义消灭新兴社会主义国家的企图也被挫败，"冷战"最为激烈的时期随之结束。但是恰恰在1956年，国际共产主义运动史上却恰逢"多事之秋"。一些社会主义国家逐渐暴露出一些严重的矛盾和问题。其中最引人瞩目的是，这一年上半年苏联共产党第二十次代表大会的召开以及下半年波兰和匈牙利事件的发生。

斯大林作为继列宁之后的苏联领导人，他在晚年错误地进行阶级斗争，把阶级斗争绝对化、扩大化了，对苏联的社会主义民主造成了重大的损失。1956年2月14日至25日，苏联共产党在苏联也就是现在的俄罗斯的莫斯科克里姆林宫召开了第二十次代表大会。这是斯大林逝世后的第一次苏联全党代表大会，苏联共产党第二十次代表大会吸引了世界上其他国家的关注。时任苏联共产党中央第一书记的赫鲁晓夫在大会上做了两个震惊世人的报告，分别是苏共中央委员会总结报告和《关于个人崇拜及其后果》的报告。这两个报告引起了世界各国的普遍关注，对于整个社会主义阵营乃至全世界产生了重大的影响。这次会议就成为了苏联历史乃至国际共产主义运动史上的一个非常重要的转折。由于《关于个人崇拜及其后果》是赫鲁晓夫在会议结束的当天深夜所作的报告，因此这一个报告被称为"秘密报告"。会议结束后"秘密报告"只在少数人范围内传播，并且在苏联共产党第二十次代表大会后当作"秘密文件"在党内逐级传达。赫鲁晓夫在《关于个人崇拜及其后果》

中以极其尖锐的语言和方式揭露和批判了斯大林鼓励和欣赏个人崇拜，从而严重破坏社会主义民主法制以及斯大林在当政期间在国际、国内事务等方面所犯下的严重错误。这一报告从根本上否定了斯大林，对苏联共产党提出要求要肃清个人崇拜在各个领域产生的流毒和影响。值得一提的是，这份报告里面出现了很多毒辣的字眼。在这样的情况下，斯大林很快从伟大领袖变成了十恶不赦的独裁者和杀人犯。这无疑是对共产党人形象无情的打击。在"秘密报告"中，赫鲁晓夫首次披露出大量鲜为人知的事实，并且使用的尖锐辛辣的字眼对斯大林进行批判，这使得当时的人们目瞪口呆、不知所措。苏联共产党第二十次代表大会使得社会主义国家原本存在的矛盾尖锐化和公开化，在国际国内引起了巨大的震动，甚至发生了部分群众反对政府的事件。

同样是这一年，作为社会主义国家的波兰和匈牙利发生了重大的变故。6月的时候，波兰工业城市波兹南发生了数千工人为要求增加工资而举行的罢工、上街游行事件。这一事件暴露出波兰政府在处理工人罢工问题上的严重官僚主义，同时也说明人民内部矛盾如果处置不当很可能会激化成为对抗性的矛盾。1956年10月23日，匈牙利首都布达佩斯的大学生上街游行，发展成为大规模群众性骚乱，由于匈牙利教会和一些反革命分子乘机兴风作浪，以及西方帝国主义国家的介入和煽动，动乱迅速扩大，数万名共产党人和群众被杀害或被打伤。帝国主义和各国反动势力也借这次机会掀起了反共、反苏和反社会主义的浪潮，利用斯大林的问题否定和攻击社会主义制度，并且通过各种方式插手社会主义国家的群众性骚乱。虽然造成波兰和匈牙利事件发生的原因是多方面的，但是，没有正确处理好人民内部矛盾恰恰是一个重要原因。

波匈事件和苏共二十大对斯大林的批判表明了，即使是在社会主义制度下仍然存在着各种矛盾，如何对待和处理这些矛盾，直接关系到社会主义事业的巩固和发展，关系到社会主义建设的成败，关系到人民政权的存亡和社会主义国家的长治久安。

二、国内背景

毛泽东关于人民内部矛盾学说的产生不仅是国际共产主义运动经验教训的总结，更为重要的是我国在社会主义改造过程中出现了新情况、新问题。从国内情况看，从1953年至1956年，新中国仅仅用了四年时间，就完成了对农业、手工业和资本主义工商业的社会主义改造，实现了从生产资料私有制到社会主义公有制的转变，使中国初步建立起社会主义的基本制度，从新民主主义社会进入到了社会主义社会。

1956年8月，中国共产党召开了第八次全国代表大会，会议指出，社会主义制度确立以后，国内的主要矛盾就不再是无产阶级和资产阶级的矛盾，而是人民对于经济文化迅速发展的需要同当前经济文化不能满足人民需要的状况之间的矛盾；我们的主要任务是集中力量发展生产力，实现国家工业化，满足人民日益增长的物质与文化需要。但是，由于在三大改造中的某些过急过快的错误，为我国社会埋下了很多隐患，出现一些社会矛盾。

在1956年下半年，国内经济出现了生产资料和生活资料供应紧张的情况，一些社会矛盾也表现得更为突出。在日常生活方面，许多城市出现粮肉和生活基本用品短缺的状况；一些工人、学生和复员转业军人在他们就业、升学和安置方面遇到一些问题和困难；同时，由于执政时间不长，党和政府的一些干部在工作中存在一些较为严重的官僚主义和主观主义的错误做法，某些地方甚至发生多起工人罢工、学生罢课的事件。在半年内，全国各地大约有一万多工人罢工、学生罢课。1956年10

月起，广东、河南、安徽、浙江、江西、山西、河北、辽宁等省，还发生了部分农民要求退出农业合作社的情况。对政府批评的意见、对现实不满的言论也多起来了。总之，出现了许多新情况和新问题。人们刚刚还在欢庆社会主义改造取得伟大胜利、中国进入社会主义社会，怎么会出现这么多问题呢？这是许多人所始料不及的。对这类事件怎么处理，全党既没有思想准备，也没有经验。这些事件，从性质来看基本上是人民内部的问题，但是，许多党员和干部却认为，"好人不闹事，闹事没好人"，甚至认为"凡是与政府闹事的就是敌我矛盾"。正是由于这种想法的出现导致一些党员干部往往采取用革命战争时期对付敌人的办法来压制和压服这些闹事的人员、处理这些事情。加上受到来自苏共和东欧国家动荡等国际环境的影响，我国国内矛盾激化。如何正确认识这些矛盾事件的性质，如何科学分析和妥善处理这些社会矛盾，成为摆在中国共产党人面前的一个重大而迫切的问题。毛泽东针对这些问题提出了关于正确处理人民内部矛盾的理论。

三、理论背景

除了国际和国内形势的发展促使了毛泽东关于人民内部

矛盾学说的思考外，马克思主义经典作家，诸如马克思、恩格斯、列宁等关于社会主义社会矛盾的思想、中国传统文化中关于矛盾的思想还有毛泽东等一大批革命先辈们在探索中国革命、建设和改革道路中形成的关于矛盾的思考都成为了毛泽东人民内部矛盾学说的理论来源。

首先，马克思、恩格斯曾经做过关于人类社会基本矛盾的研究和论述。这些理论学说为毛泽东的社会主义矛盾思想的形成和发展提供了丰富的理论基础和借鉴。唯物辩证法的观点认为，矛盾的对立面既斗争又统一，一切事物都在对立面的统一和斗争中发生变化。也就是说，世界上的所有事物都包含着各种各样的矛盾。正是由于这些矛盾的存在才促进了事物的变化发展。马克思、恩格斯深刻研究和分析了人类历史的发展和资本主义社会的运行方式。他们提出生产力与生产关系、经济基础与上层建筑的矛盾是社会发展中一直存在的两对基本矛盾。也正是由于这两对矛盾的存在才推动人类社会不断向前发展，这正是对人类社会经济形态发展过程的科学揭示。虽然马克思和恩格斯并没有直接提出"社会基本矛盾"的概念，但是，他们实际上已经把这两对矛盾看成了决定社会性质、推动社会发展的基本矛盾。

其次，列宁关于社会主义社会存在矛盾的思想为毛泽东提出这一思想提供了借鉴。列宁实际上接触到了正确区分和处理社会主义社会中两类不同性质的矛盾问题。他在《国家与革命》和一些其他的论著中阐述了要把对剥削阶级的镇压和对人民实行民主相结合的思想。除此之外，还有像正确对待小生产者和巩固加强工农联盟的思想等等。列宁在1920年5月读到布哈林的著作《过渡时期的经济》时，他注意到了这部著作中有一句话"资本主义是对抗的、矛盾的制度"，他在这句话的旁边做了批注。他写道："在社会主义社会中，对抗将会消失，矛盾仍将存在。"列宁的这一思想和论断很好地指导我们正确认识社会主义社会的矛盾问题。同时，我们还要注意到列宁认为必须要把"对抗"和"矛盾"这两者区分开来。因为对抗是指阶级之间的对抗，两个或者几个阶级之间有着根本利益的冲突是无法调和的，这种情况只存在于"社会分裂为两个基本阶级"的社会。而矛盾则会贯穿于人类社会存在和发展的始终，即使消灭了剥削阶级和对抗，矛盾也依然存在。列宁从这个论断出发去理解和解决在社会主义社会条件下所存在和产生的各种各样的新型矛盾。列宁列举了社会主义社会出现的新矛盾。例如，现在工人阶级内部还存在着一些问题，像资本主义社会的传统心理和他们的旧习惯、旧习气、旧口号，这样导致一些思想意识方面矛盾的出现。"列宁认为，无产阶级专政的国家中之所以出现罢工的原因主要是因为在国家机关中存在官僚主义的伪劣行为，还有就是群众在政治上的不开明和没有文化。"①1925年5月斯大林在《俄共（布）第十四次代表会议的工作总结》报告中指出："我国有两种矛盾。一种矛盾是'内部的矛盾'，即无产阶级和农民之间的矛盾。另一种矛盾是'外部的矛盾'，即我们这个社会主义国家和其他一切资本主义国家之间的矛盾。"此外，斯大林提出工人与农民之间既有矛盾也有共同利益，所以，可以运用社会主义自身的力量来解决这些存在着的内部矛盾。这就说明了，斯大林试图对社会主义社会矛盾进行划分并提出相应的解决方法。斯大林在1930年《给契同志的信》中指出了要将社会主义社会的内部矛盾区别开来，也就是要"结合外部的矛盾"和"结合内部的矛盾"这两种矛盾。这实际上指出了社会主义国家在过渡时期存在着两类矛盾。同时，斯大林还看到了在一定条件下

---

① 韩春梅：《毛泽东人民内部矛盾学说的历史考察及当代价值》，《苏州大学学报》，2010年。

在某种程度上两种矛盾是可以相互转化的。也就是说"结合范围以外的"的矛盾可以转化为"结合内部的矛盾"。除此之外，斯大林意识到了过渡时期一个相对普遍的矛盾——国家机关与人民、干部与群众的矛盾。斯大林认为要运用批评与自我批评的方法来解决这些矛盾。这与毛泽东之后提出的"团结—批评—团结"有一定程度的关联性。总体来说，虽然斯大林在实践上并没有把与之相关的理论贯彻下去，但是我们应该明白，斯大林毕竟在世界无产阶级运动中首次比较系统地提出了关于两类矛盾的理论，因此，他在理论上的探索和贡献具有重要的意义。

最后，我国传统文化中那些关于矛盾的思想为毛泽东提出人民内部矛盾的思想奠定了深厚的文化基础。通过平时的学习我们可以了解到，毛泽东深厚的中国传统文化占了他本身的知识构成中非常重要的一部分。所以，毛泽东思想的形成也必然会受到我国传统文化的影响。而作为毛泽东思想中非常重要的一部分——人民内部矛盾学说，也必然会受到我国传统文化中丰富而富有智慧的矛盾思想的影响。毛泽东的人民内部矛盾学说有些内容与我国古代辩证法中的矛盾相互转化思想有很大关系。我国著名的思想家老子的《道德经》和"塞翁失马"这一成语告诉我们不但要看到事物的正面，还要看到反面，要用全面的眼光看问题。例如，毛泽东把老子所说话"祸兮福所倚，福兮祸所伏"运用到《关于正确处理人民内部矛盾的问题》中来说明"乱子有二重性"，坏事可以通过合理的引导变为好事的道理。同时，毛泽东对我国古代朴素辩证法进行了辩证唯物主义的改造。他这样说道："矛盾着的对立的双方互相斗争的结果，无不在一定条件下相互转化。在这里，条件是重要的。没有一定的条件，斗争着的双方都不会转化。"在处理两类矛盾的方法上，毛泽东从中国传统的"王道"、"霸道"思想得到了启发。儒家的"王道"要求执政者施仁政，重视百姓利益，而法家主张严刑峻法也就是所谓的"霸道"，毛泽东以其过人的智慧将二者结合起来，来处理社会主义社会所存在的两类矛盾。在人民内部用"王道"，通过施仁政，用民主的和说服的方法来处理人民内部矛盾；对于敌我矛盾则用"霸道"，也就是专政的手段来解决。另外，毛泽东对"人民"这个概念的划分，也反映了中国传统文化中民本思想的思维方式。孔子创立的儒家学派，提倡仁义礼智信，其中核心的思想是"仁"，对民要"慈"、"宽"、"惠"；孟子提出了"民为贵，社稷次之，君为轻"的观点；荀子提出了"君者舟也，庶人者，水也，水则载舟，水则覆舟"。后来的王朝统治者纷纷以此为治世的精深格言。①对于我国传统文化的民本思想毛泽东采取批判地吸取的态度，认为人民是国家的主人和历史的创造者，认为正确区分"人民"和"敌人"是一切革命的首要问题。

四、文章的形成、修改和发表

1949年新中国成立之后，面对国际国内的复杂情况，在中国这样一个人口众多、经济文化十分落后、各地发展极不平衡的东方大国中，如何建设社会主义，就成为党中央和毛泽东认真思考和研究的重大课题。以毛泽东为代表的中国共产党人坚持把马克思主义基本原理与中国具体实际相结合，提出了要以苏联为借鉴，走中国自己的建设道路，以实践为基础，积极探索如何正确从理论上加以总结和概括，正确认识和处理社会主义社会的各种矛盾。1956年9月22日，毛泽东在会见应邀参加中共八大的一个外国共产党代表团时说：

---

① 韩春梅：《毛泽东人民内部矛盾学说的历史考察及当代价值》，《苏州大学学报》，2010年。

"苏联在阶级消灭以后，客观形势已经发展了，社会已经从一个阶段过渡到另一个阶段，人民已经用和平的方法来保护生产力，而不是通过阶级斗争来解放生产力的时候。"然而，斯大林在思想上却没有认识这一点，在行动上照旧进行阶级斗争，这就是他犯错误的一个根源。从这一认识出发，1956年初，根据毛泽东的提议，党中央召开了知识分子问题会议，宣布绝大多数知识分子已经是工人阶级的一部分。随后，毛泽东又作了分清革命与反革命、分清是与非就是分清两类矛盾的《论十大关系》报告，还提出了"百花齐放、百家争鸣"的方针。

1957年2月27日，毛泽东在最高国务会议第十一次（扩大）会议上正式发表了《关于正确处理人民内部矛盾的问题》的讲话，第一次系统地阐述了社会主义社会的基本矛盾，形成了完整的、科学的社会主义社会基本矛盾学说。毛泽东在会前写了一个讲话提纲，共十二个问题，讲话就是围绕这十二个问题展开的。后来《关于正确处理人民内部矛盾的问题》发表时，也就是这十二个问题，只是把第六、第十一两个问题的顺序对调了一下。

这次讲话后，毛泽东根据原始记录加以整理，并且作了若干重要的补充和修改，于1957年6月19日在《人民日报》公开发表了这个讲话，把名称定为《关于正确处理人民内部矛盾的问题》。但是这个时候，反右派斗争已经开始了。由于当时党和政府错误估计了国内的右派分子向党和社会主义制度进攻的形势，所以这个讲话稿在整理和修改的过程中加进了强调阶级斗争很激烈、社会主义与资本主义之间的胜负问题还没有得到真正解决等一些同原讲话精神不相协调的论述。

第二节　《关于正确处理人民内部矛盾的问题》的历史意义

《关于正确处理人民内部矛盾的问题》对于在新形势下认识和解决各种复杂的社会矛盾仍然具有重要的理论和实践意义。在发展社会主义市场经济的条件下，正确认识处理人民内部矛盾必须有新思路和新办法。但是，毛泽东当年所提出的许多基本方针在今天还是适用的。因此，《关于正确处理人民内部矛盾的问题》对于推进中国特色社会主义事业的发展仍然具有重要的指导意义。

一、创造性地提出了社会主义社会两类矛盾学说

《关于正确处理人民内部矛盾的问题》指出：在社会主义社会，存在着两大类社会矛盾，即敌我矛盾和人民内部矛盾。要正确区别和处理敌我矛盾和人民内部矛盾这两类不同性质的矛盾。解决这些矛盾要采取不同的方法，对人民内部矛盾和思想上的矛盾，要通过民主方法解决，而对于人民内部物质利益方面的矛盾，则主要用经济方法并辅之以思想政治工作加以解决。总之，毛泽东全面论述了两类不同性质的社会矛盾所具有的特点、地位、表现及解决方法等方面，极大地丰富和发展了关于社会主义社会矛盾的理论和学说，这些学说的提出并且最终的形成是对马克思主义理论宝库的重大贡献。毛泽东创造性地提出要把正确处理人民内部矛盾作为国家政治生活的主题。他运用了马克思主义中的对立统一规律来观察和考量社会主义社会，通过对社会主义社会中所存在矛盾的细致分析和观察，指出："社会主义社会也是对立统一的，有人民内部对立统一，有敌我之间的对立统一。……在我们面前有两类社会矛盾，这就是敌我之间的矛盾和人民内部的矛盾。这是性质完全

不同的两类矛盾。"毛泽东通过界定人民和敌人的概念对社会主义社会两类不同性质的矛盾来进行正确的区分和处理。毛泽东指出，"人民"和"敌人"是两个历史范畴，在具体的国家或者具体的国家的具体历史时期中，它们也有着具体的各不相同的含义和内容。要根据由具体的历史时期革命的主要任务以及各个阶级、阶层和社会集团的人们对这一主要任务所采取的政治态度对其进行具体的区分。毛泽东还指出，"在一般情况下，人民内部矛盾不是对抗性的，但是如果处理得不适当或者失去警觉，麻痹大意，也可能发生对抗"，会导致部分人民内部矛盾向敌我矛盾转化。这是毛泽东科学运用矛盾转化原理对于两类不同性质的矛盾在一定条件下互相转化进行的正确分析。比如，"党和政府在工作中造成的严重失误和过失长期未得到纠正，造成社会生活各种矛盾尖锐化；处理人民内部矛盾方法失当也会造成人民内部矛盾向敌我矛盾转化"。[1]

二、首次创立了关于社会主义社会矛盾的学说

马克思和恩格斯曾经运用唯物辩证法观察人类社会，

---

[1] 林辉等：《〈关于正确处理人民内部矛盾的问题〉的理论贡献及现实意义》，《福建工程学院学报》，2003年。

揭示了生产力与生产关系、经济基础与上层建筑的矛盾推动社会向前发展的规律。斯大林在很长一个时期，否定社会主义社会基本矛盾的存在，从而也否定了它是社会主义社会向前发展的根本原因和内在动力。《关于正确处理人民内部矛盾的问题》则正确而又合乎逻辑地回答了经典作家们尚未解决的问题。明确地指出，社会主义社会仍然存在着矛盾，社会主义社会中的基本矛盾仍然是生产关系和生产力、上层建筑和经济基础之间的矛盾，这一矛盾制约着经济、政治、思想、文化各个领域中的所有矛盾，是社会主义发展的根本动力，是社会主义社会一切非对抗性矛盾的基础和根本。其次，运用唯物辩证法对社会主义基本矛盾的特点作了论述。毛泽东认为，社会主义基本矛盾是生产力和生产关系、经济基础和上层建筑既相适应又相矛盾的辩证运动过程。再次，运用矛盾特殊性原理阐述了社会主义基本矛盾的特殊性质。指出在资本主义社会中，社会基本矛盾的性质是对抗性的，它集中表现为阶级矛盾和阶级斗争。同时，《关于正确处理人民内部矛盾的问题》分析了社会主义社会基本矛盾的性质和特点，指出社会主义社会的基本矛盾属于非对抗性矛盾，可以通过社会主义制度本身解决。其根本方法有两个：一个是保护和发展生产力，一个是适时调整生产关系和上层建筑中不适应生产力发展的环节和方面。最后，原则性地提出了解决社会主义基本矛盾的途径。认为它不再需要用"急风暴雨式的群众运动"或者说是"剧烈的阶级斗争"，而是完全可以在社会主义制度下，通过改革、协调等相对温和的方式解决存在的矛盾。总的来说，毛泽东所提出的人民内部矛盾的理论纠正了斯大林对社会主义基本矛盾的错误估计，不仅是对马克思主义理论的继承和发展，也是对科学社会主义理论的重要贡献。

三、提出正确处理人民内部矛盾是社会主义国家政治生活的主题

在《关于正确处理人民内部矛盾的问题》这篇文章中毛泽东开门见山地指出"关于正确处理人民内部矛盾问题，这是一个总题目"。在《一九五七年夏季的形势》一文中又一次提到了"正确处理人民内部矛盾是一个总题目"的思想。中国共产党在十一届六中全会决议指出，要将正确处理人民内部矛盾作为社会主义国家政治生活的主题。1956年社会主义改造的基本完成是"主题"思想提出的前提。这一时期，我们国家的社会

阶级关系的根本变化和社会主要矛盾的变化也决定了这一理论的提出。在党和新中国政府带领全国人民共同完成了社会主义基本改造之后，我们国家逐渐进入到了与自然作斗争为主的新时期。此时，社会主义社会主要矛盾主要是劳动人民的内部矛盾。这就要求社会主义建设时期中的社会主义建设和改革要以正确处理人民内部矛盾为主要出发点和着眼点，只有这样才能正确认识和处理国家政治生活中的各种矛盾。

正确处理人民内部矛盾作为国家政治生活的主题符合从全党工作重点转移这一客观形势的变化。毛泽东指出，虽然我们国家已经确立起了社会主义制度，但我们必须认清客观形势，我国仍然是一个贫穷落后的国家。我们必须清楚，党领导全国人民进行革命的目的主要在于大力发展生产力，提高全国人民的物质和精神生活水平，而不是仅仅限于建立一个新的政府。1956年之后，"我们的根本任务已经由解放生产力变为在新的生产关系下面保护和发展生产力"。由此出发，毛泽东深刻地阐明了正确处理人民内部矛盾的意义。毛泽东根据我国的历史条件，从我国的实际情况出发，把工人阶级和民族资产阶级之间的矛盾纳入人民内部矛盾的范围内并且成功地解决和处理了这个矛盾，为马克思主义理论的社会矛盾学说做出了新的理论贡献。

四、阐述了正确处理人民内部矛盾的各项方针政策

要想采用正确、恰当的方法去解决这两类矛盾就必须正确认识和区分两类不同性质的社会矛盾。毛泽东指出："敌我之间和人民内部矛盾这两类矛盾的性质不同，解决的方法也不同。……我们历来就主张，在人民民主专政下，解决敌我之间和人民内部这两类不同性质的矛盾，采取专政和民主这样两种不同的方法。"根据中国共产党的革命和建设经验以及社会主义时期的新形势、新任务，毛泽东提出了解决人民内部矛盾的总方针和相应的方法。这就是用民主的方法解决人民内部矛盾，调动一切积极因素，团结一切可以团结的力量，建设社会主义。具体内容如下：

首先，实事求是、群众路线是解决人民内部矛盾总的指导思想。实事求是就是一切工作和实践活动要从实际出发，承认社会主义社会存在着矛盾，对于实践中出现的问题和事情发展的程度，既不能随意夸大，也不能无视、忽略这些问题；同时还要掌握事物发展的客观规律，按客观的需要和可能来解决

矛盾。而群众路线是指做工作时要从群众的最大利益出发去认识、分析和解决问题，使群众能够自己教育自己，在处理事情的时候能够为自己的长远利益和国家的根本利益考虑。群众路线还包括从群众中来到群众中去的工作方法，要做到这些就必须认真研究群众所反映的情况，虚心听取群众的意见，努力集中群众的意志，务必在符合人民群众利益的基础上圆满解决人民内部矛盾。

其次，要实行民主集中制的原则，用民主的方法解决和处理人民内部矛盾，正确把握民主与集中之间的关系。毛泽东指出，社会主义社会中，民主是相对于集中而言，自由是相对于纪律而言的，它们是一个统一体的两个矛盾着的侧面，应该统筹兼顾而不该片面强调任何一个侧面。集中是在民主基础上的集中，如果片面强调就会带来命令主义和官僚主义；民主是集中指导下的民主，如果片面强调就会导致无政府状态或极端民主化。如果片面坚持一方面，其结果都不利于妥善解决人民内部矛盾。只有真正克服了这两种片面性，把两者辩证统一起来，才能"造成一个又有集中又有民主，又有纪律又有自由，又有统一意志，又有个人心情舒畅、生动活泼，那样一种政治局面，以利于社会主义革命和社会主义建设"。

再次，毛泽东就如何在不同领域具体贯彻民主方法，解决人民内部矛盾，提出了一系列具体的方针和政策。主要是：在解决政治思想上的矛盾时，要坚持"团结—批评—团结"的方针；在中国共产党与民主党派关系上，主张"长期共存、互相监督"的方针；在科学文化工作中，主张实行"百花齐放，百家争鸣"的方针；对于科学和艺术中的是非问题，应当通过实践去解决或由科学界、艺术界人士自由讨论去解决，而不应该采取简单粗暴的强硬的解决方法；在民族关系问题上，要实行民族区域自治，既要注意克服大汉族主义，也要注意克服地方民族主义；在处理利益关系时，采取"统筹兼顾，适当安排"的方针，兼顾国家、集体、个人三者的利益等等。除此之外，毛泽东还指出，不断加强思想政治工作和坚持社会主义道路与党的领导是解决人民内部矛盾最重要的两条原则，在社会主义建设的实践中既要反对鼓吹绝对自由、绝对民主的现象，又要反对教条主义。

第二章　正确区分和处理两类
不同性质的社会矛盾

毛泽东在1957年初的省市自治区党委书记会议上的讲话中指出："怎样处理社会主义社会的敌我矛盾和人民内部矛盾，这是一门学问，值得好好研究。""他联系我国的实际问题，系统地分析和阐明了正确处理各方面人民内部矛盾的方针和方法。他指出，现在的情况是：革命时期的大规模的急风暴雨式的群众阶级斗争基本结束，但是阶级斗争还没有完全结束；广大群众一方面欢迎新制度，一面又感到还不大习惯，政府工作人员经验也还不够丰富，对一些具体政策的问题，应当继续考察和探索。毛泽东关于社会主义社会两类不同性质矛盾的分析，同那种不承认社会主义社会存在矛盾，一遇到问题又统统将它们视为敌我矛盾来处理的所作所为，严格地区别开来了。"①

①王蕾：《〈关于正确处理人民内部矛盾的问题〉当代价值的再探讨》，《东北师范大学学报》，2009年。

第一节 敌我矛盾与人民内部矛盾

一、提出了正确区分和处理两类社会矛盾学说

针对1956年发生的波匈事件，毛泽东提出要正确认识两类不同性质矛盾。中共中央以《人民日报》编辑部的名义发表了《再论无产阶级专政的历史经验》，表明了党和政府对于东欧各国发生的事件的态度。毛泽东在指导文章写作时反复谈到，我们"要分清两种性质的矛盾，一种是敌我性质的矛盾，一种是人民内部的矛盾"。毛泽东对"两类不同性质的矛盾"进行详细阐述，是在《关于正确处理人民内部矛盾的问题》的讲话中。虽然毛泽东关于社会主义社会两类矛盾的理论带有一定的局限性，但是不可否认，这一理论是毛泽东社会主义思想中最重要、最得人心的一部分。著名民主人士章伯钧认为毛泽东"人民内部矛盾这一概念的提出，是政治的，也是哲学的，虽是矛盾论的延续，但有其创造性。这个概念还是一把时代的钥匙，运用好了，能建立起一种社会主义的民主生活方式"。这一理论为处理社会主义时期的社

会矛盾提供了重要的理论指导。

毛泽东在《关于正确处理人民内部矛盾的问题》中这样论述道："我们的国家现在是空前统一的。资产阶级民主革命和社会主义革命的胜利，以及社会主义建设的成就，迅速地改变了旧中国的面貌。祖国更加美好的将来，正摆在我们的面前。人民所厌恶的国家分裂和混乱的局面，已经一去不复返了。我国的六亿人民正在工人阶级和共产党的领导下，团结一致地进行着伟大的社会主义建设。国家的统一，人民的团结，国内各民族的团结，这是我们的事业必定要胜利的基本保证。但是，这并不是说在我们的社会里已经没有任何矛盾了。没有矛盾的想法是不符合客观实际的天真的想法。在我们的面前有两类社会矛盾，这就是敌我之间的矛盾和人民内部的矛盾。这是性质完全不同的两类矛盾。"社会主义社会的基本矛盾，反映到人与人的关系问题上，就表现为两类不同性质的社会矛盾，这就是敌我之间的矛盾和人民内部的矛盾。刚刚掌握新中国政权的中国共产党必须学会正确区分和处理这两类性质不同的矛盾，才能调动一切积极因素，并且尽可能地把消极因素转换为积极因素，以保证社会主义社会各项建设的顺利进行。人民内部矛盾和敌我矛盾，是一个历史的概念。只有弄清楚什么是人民、什么是敌人才能正确区分这两类不同性质的矛盾。毛泽东指出："在现阶段，在建设社会主义时期，一切赞成、拥护和参加社会主义建设事业的阶级、阶层和社会集团，都属于人民的范围；一切反抗社会主义革命和敌视、破坏社会主义建设的社会势力和社会集团，都是人民的敌人。"一般来说，在社会主义基本改造已经完成的中国，人民利益根本一致的基础上的矛盾，如工人阶级内部的矛盾，农民阶级内部的矛盾，工人阶级同农民阶级的矛盾，工人阶级和其他劳动人民之间的矛盾，知识分子内部之间的矛盾，工人、农民同知识分子之间的矛盾，这些都是人民内部矛盾。即使是在人民政府和人民群众之间也存在一定的矛盾，比如国家利益、集体利益与个人利益之间的矛盾，领导者同被领导者的矛盾，民主同集中的矛盾，国家机关某些工作人员的官僚主义作风同人民群众的矛盾等等。以上这些矛盾都属于社会主义社会人民内部矛盾。

二、两种矛盾的概念和性质

毛泽东指出，虽然新中国已经建立，全国人民在党和政府的领导下已经建立起了社会主义制度，但是还需要一个继续建立和巩固的过程。同时，广大的人民群众还需要有一个过程来适应社会主义制度。国家工作人员也要不断地学习才能获取在社会主义制度下执政和工作的经验。正是在这个关键时期，以毛泽东为首的中国共产党提出了划分敌我和人民内部两类矛盾的界限和正确处理人民内部矛盾的途径、方法，有助于"团结全国各族人民进行一场新的战争——向自然界开战，发展我们的经济，发展我们的文化，使全体人民比较顺利地走过目前的过渡时期，巩固我们的新制度，建设我们的新国家"。那么，什么是敌我之间的矛盾？什么是人民内部矛盾呢？

敌我之间的矛盾是一种对抗性的矛盾，是指敌我双方在政治利益、经济利益的根本对立的基础上产生和发展起来的矛盾，比如在封建社会中，地主阶级和农民阶级的矛盾等，资本主义社会中，资产阶级和无产阶级的矛盾等。而人民内部矛盾是指人民利益在根本一致的基础上产生和发展起来的矛盾，属于非对抗的矛盾。因此，人民内部矛盾的基本内容也就体现在两个方面，其一，表现为劳动阶级内部及各个劳动阶级之间的矛盾，其二是人民政府同人民群众之间的矛盾。在这里需要强调的是工人阶级同民族资产阶级之间的矛盾，既有对抗性的一面，又有非对抗性的一面。我们解决矛盾的方法和民族资产阶级的态度决定了工人阶级与民族资产阶级之间的矛盾性质。此外，中国共产党人所建立起的人民政府是为人民服务的政府，是真正代表人民利益的政府。但是，我们要了解的是它同人民群众之间也存在一定的矛盾。

毛泽东提醒党和人民群众注意两类不同性质矛盾之间的相互转化。我们要明白两类不同性质的矛盾是具体地客观地存在着的，两类不同性质的矛盾在一定的条件下是可以相互转化的。所以，党和政府在领导人民进行社会主义建设的时候必须正确区分和处理两类不同性质的矛盾，尤其是要处理好社会主义改造完成之后已经居于主导地位的人民内部矛盾，只有做到这些才能推动社会主义事业不断向前发展。

第二节　用民主的方法解决人民内部矛盾

毛泽东在《关于正确处理人民内部矛盾的问题》中指出，在我国社会中"有两类社会矛盾，这就是敌我之间的矛盾和人民内部的矛盾。这是性质完全不同的两类矛盾。……敌我之间和人民内部这两类矛盾的性质不同，解决的方法也不同。简单地说起来，前者是分清敌我的问题，后者是分清是非的问题"。在区分两类社会矛盾的基础上，毛泽东提出了正确处理两类社会矛盾应当运用的方法。他指出："我们历来就主张，在人民民主专政下面，解决敌我之间的和人民内部的这两类不同性质的矛盾，采用专政和民主这样两种不同的方法。"按照毛泽东的想法，对待敌人（包括特务和破坏分子）和"我"之间的矛盾用镇压的方法，对人民内部的也就是党派内部的、党派与党派之间的矛盾要用说服教育的方法。毛泽东提出的这个方法，可以概括为"民主与专政相结合"，是他认识和处理社会矛盾问题的总原则。据此，毛泽东从中国实际出发，对如何处理两类矛盾问题进行认真思考和探索，提出了许多真知灼见。

毛泽东认为在人民民主专政条件下，解决敌我之间和人民内部的这两类不同性质的矛盾，应该采取专政和民主这样两种不同的方法。"简单地说来，前者是分清敌我的问题，需要用专政的方法来解决；后者是分清是非的问题，只能用民主的方法，即只能用讨论的方法、批评的方法、说服教育的方法去解决，而不能用强制的、压服的方法去解决。毛泽东根据历史经验，把这种民主的方法概括为一个公式：团结—批评—团结。即从团结的愿望出发，经过批评或者斗争，使矛盾得到解决，从而在新的基础上达到新的团结。"[1]
毛泽东强调，我们现在的任务，就是要在整个人民内部继续
推广和更好地运用这个方法，要求所有的工厂、合作社、商
店、学校、机关、团体。总之，六亿人口都采用这个方法去
解决他们内部的矛盾。

首先，要用专政的方法解决敌我矛盾。毛泽东指出所谓的
专政就是通过强制手段镇压与社会主义社会革命、改革与建设
的敌对分子，强迫他们服从人民政府的法律，并且强迫他们从
事劳动，从而把他们改造成为新人。在这里我们需要了解专政
的性质、专政的作用、专政的目的、专政的主体。第一，我国
宪法规定"中华人民共和国是工人阶级领导的，以工农联盟为
基础的人民民主专政的社会主义国家"。从根本大法上规定了
我国的国家性质，即实行无产阶级专政，这个国家代表无产阶
级的利益，是为无产阶级服务的。第二，人民民主专政的作用
体现在两个方面上。其一，解决国内敌我矛盾，对社会主义建
设的破坏分子等实行专政，维护人民政权；其二，解决对外的
敌我矛盾，对国外可能颠覆和侵犯社会主义制度和国家、民族

---

①王蕾：《〈关于正确处理人民内部矛盾的问题〉当代价值的再探
讨》，《东北师范大学学报》，2009年。

统一的敌对势力实行专政，切实保障良好的国际环境。第三，人民民主专政的目的，是为了保卫全体人民的和平劳动，将我国建设成为现代工业、现代农业、现代科学文化的社会主义国家。第四，人民民主专政的主体——工人阶级及其领导下的人民。

其次，用民主的方法解决人民内部矛盾。毛泽东认为只有具体的民主，而没有抽象的民主。民主似乎是一种目的，其实民主是手段。民主是上层建筑，属于政治范畴，要为相应的经济基础服务。民主是相对的，不是绝对的。民主和集中是对立统一的辩证关系。中国共产党和政府的任务就是要掌握矛盾转化的规律，创造条件，化消极因素为积极因素，促使矛盾由不利向有利的方面转化，从而动员社会主义社会全部的力量来促进社会主义社会的建设和发展。要想用正确的、恰当的方式来处理和解决社会主义社会两类矛盾就必须正确认识和区分两类不同性质的社会矛盾。毛泽东提出，人民内部的矛盾与敌我之间的矛盾这两类矛盾的性质是不同的。因此，解决和处理两类矛盾的方法也各不相同。针对不同领域中的各种矛盾，毛泽东提出了许多具体的方针和政策。主要包括以下几方面：第一，要坚持"团结—批评—团结"的方针来处理人民内部政治思想方面的矛盾，也就是说必须让广大人民群众参与到社会主义国家的政治活动中去，用民主的方法而不是用强迫的方式对人民群众进行教育，其进行自我教育的基本方法就是批评和自我批评。第二，在处理科学文化领域中的矛盾时，要实行"百花齐放，百家争鸣"的方针来指出艺术和科学中的是非问题。党和政府应该通过实践和艺术界科学界的自由讨论去处理和解决，而不是用简单粗暴的方法去解决。第三，在处理中国共产党与民主党派关系上要实施"长期共存，互相监督"的方针。在我国的政治实践中，中国共产党作为参政党可以监督民主党派，当然民主党派作为参政党也可以监督中国共产党。第四，在处理民族关系方面，不仅要克服大汉族主义，实行民族区域自治，也要克服地方民族主义，党和各级政府要帮助少数民族发展经济和文化事业。第五，在处理人民内部经济利益的矛盾方面，毛泽东提出要对城乡各界人民采取"统筹兼顾，适当安排"的方针政策，要兼顾三者的利益，以实现国家、生产单位和生产者个人三者的良好发展。毛泽东还强调要加强思想政治工作这一根本有效的方法来解决人民内部矛盾，而且提出了在政治生活中判断言论和行动的六条是非标准。

第三章　社会主义的基本矛盾

我国社会主义改造完成以后，毛泽东以新中国进行社会主义建设的实践为基础，运用马克思主义基本原理，在《正确处理人民内部矛盾的问题》的文章中，首次提出了社会主义基本矛盾的概念，并进行了全面的阐述，形成了比较系统的理论。毛泽东指出，社会主义社会的基本矛盾仍然是生产关系和生产力之间的矛盾，上层建筑和经济基础之间的矛盾。但是，社会主义社会中的这些矛盾，同旧社会的生产关系和生产力的矛盾、上层建筑和经济基础的矛盾相比，拥有不同的性质和特征。

第一节　生产关系和生产力之间的矛盾

生产力和生产关系是辩证统一的关系。生产力是人们改造自然以获得物质生活资料的实际能力，由劳动对象、劳动资料和劳动者三个实体性要素构成。生产关系是人们在生产过程中发生的一定的、必然的、不以人的意志为转移的客观物质关系。生产力对生产关系起决定作用，生产力的性质和水平决定生产关系的性质和形式，生产力的发展决定生产关系的变革。生产关系反作用于生产力，生产关系适合生产力状况则促进生产力发展；反之则阻碍生产力发展。"所谓社会主义生产关系比较旧时代生产关系更能够适合生产力发展的性质，就是指能够容许生产力以旧社会所没有的速度迅速发展，因而生产不断扩大，因而使人民不断增长的需要能够逐步得到满足的这样一种情况。"

解放前，中国一直处于半殖民地半封建社会中，受到帝国主义、封建主义和官僚资本主义的三重压迫，束缚着我国生产力的发展。具体表现为"解放前五十多年间，全国除东北外，钢的生产一直只有几万吨；加上东北，全国的最高年产量也不过是九十多万吨。在1949年，全国钢产量只有十几万吨。旧中国几乎没有机器制造业，更没有汽车制造业和飞机制造业"。解放后，我们推翻了帝国主义、封建主义和官僚资本主义的统治之后，经过三大改造，初步建立起社会主义制度，调动了人民的生产积极性，促使我国生产力获得突飞猛进的发展。具体表现为：全国解放不过七年，钢的生产便已达到四百几十万吨。拥有了机器制造业、汽车制造业和飞机制造业。中国在建国后的迅速发展，让外国人刮目相看，回答了中国该选择资本主义还是社会主义道路的疑问，毛泽东用数据向我们证明了"只有社会主义才能救中国"。

但是，新中国成立之后，我国的生产关系中依然存在与生产力不相适应的地方。"我国的社会主义制度还刚刚建立，还没有完全建成，还不完全巩固。在工商业的公私合营企业中，资本家还拿取定息，也就是还有剥削；就所有制这点上说，这类企业还不是完全的社会主义性质的。农业生产合作社和手工业生产合作社有一部分也还是半社会主义性质的；完全社会主义化的合作社在所有制的某些个别问题上，还需要继续解决。在各经济部门中的生产和交换的相互关系，还在按照社会主义的原则逐步建立，逐步找寻比较适当的形式。在全民所有制经济和集体所有制经济里面，在这两种社会主义经济形式之间，积累和消费的分配问题是一个复杂的问题，也不容易一下子解决得完全合理。"①

总之，社会主义生产关系已经建立起来，它是和生产力的

①毛泽东：《毛泽东文集》（第7卷），人民出版社1999年版，第213页。

发展相适应的；但是，它又还很不完善，这些不完善的方面和生产力的发展又是相矛盾的。

第二节　上层建筑和经济基础之间的矛盾

除了生产关系和生产力发展的这种又相适应又相矛盾的情况以外，还有上层建筑和经济基础的又相适应又相矛盾的情况。上层建筑指建立在经济基础之上的政治、法律、宗教、艺术、哲学等观点，以及适合这些观点的政治、法律等制度。经济基础决定上层建筑，上层建筑反映经济基础，其实就是物质决定意识，经济基础是指物质的基础，上层建筑是指精神层面的东西。

中华人民共和国建立初期，人民民主专政同过渡时期的情况和任务相适应，主要任务是继续完成新民主主义革命，进而对生产资料私有制进行社会主义改造，实现由新民主主义向社会主义的过渡。在社会主义制度确立以后的社会主义初级阶段，人民民主专政组成的阶级结构发生了很大的变化。工人阶级人数增长了许多倍，在国家政治生活中的作用更大；广大农民经过了社会主义改造，工农联盟更加巩固；知识分子总体上已成为工人阶级的一部分；剥削阶级作为阶级已不存在，原来剥削阶级的成员，绝大多数已改造成为自食其力的劳动者。国家政权的主要任务是领导和组织社会主义建设，努力实现国家的现代化，巩固和发展社会主义制度。同时，我国也建立起人民民主专政的国家制度和法律，以马克思列宁主义为指导的社会主义意识形态，这些上层建筑对于我国社会主义改造的胜利和社会主义劳动组织的建立起了积极的推动作用，它是和社会主义的经济基础即社会主义的生产关系相适应的。但是，我国处于一个新民主主义社会向社会主义社会过渡阶段，旧社会的思想残留还比较重，对我国经济基础存在一定的阻碍作用，"资产阶级意识形态的存在，国家机构中某些官僚主义作风的存在，国家制度中某些环节上缺陷的存在，又是和社会主义的经济基础相矛盾的。"

通过上一节我们了解到，以公有制为特征的社会主义生产关系适合于生产力发展的性质和水平，能够促进生产力的迅速发展，使得人民不断增长的物质文化生活需要能逐步得到满足。同样，社会主义的上层建筑，即以人民民主的国家制度和法律，以马克思列宁主义为指导的社会主义意识形态，对社会主义经济基础的建立和巩固起了积极的作用。这样，只要处理得当，社会主义的生产关系和生产力之间、上层建筑和经济基础之间相适应的方面总是基本的，而不适应的方面总是非基本的。它不再表现为剧烈的阶级斗争，而是通过社会主义制度本身，以调整的方式，有领导、有步骤、有秩序地不断地加以解决。社会主义社会里，基本矛盾的解决主要通过改良、进化，而不再是像旧社会那样一个阶级推翻另一个阶级的革命。在这里，事物的渐进性不仅成为量变的形式，而且也成为质变的形式。当然，对于社会主义社会中客观存在着的矛盾，如果长期不认识，或处理不当，也会有对抗的现象发生，但是如果没有外力的干预，一般来说是局部的和暂时的。

第三节　社会主义基本矛盾的解决途径

在《关于正确处理人民内部矛盾的问题》一文中，毛泽东认为社会主义社会的基本矛盾区别于人类社会其他形态的基本矛盾，并且对社会主义社会基本矛盾做出了相当明晰的指示：其一，社会主义生产关系和生产力、上层建筑和经济基础之间处于"又相适应又相矛盾的情况"，相适应是主要方面，不适应是次要方面，无视于此，便会混淆社会主义与剥削阶级社会基本矛盾的界限；其二，社会主义社会基本矛盾并非对抗性矛盾，"它可以经过社会主义制度本身，不断地得到解决"。其三，社会基本矛盾归根结底反映在人与人的关系之上，这种关系在社会主义社会体现为两种性质相异的矛盾——敌我矛盾和人民内部矛盾，社会主义改造完成以后，正确处理人民内部矛盾将上升为国家政治生活的主题。在这里，如果说毛泽东的第一个观点规定了社会主义社会基本矛盾的科学内涵，体现了在"矛盾运动"中认识社会基本矛盾的辩证法精神的话，那么，第二个看法则道出了社会主义社会基本矛盾的根本解决之道，表明了他对于社会主义制度先进性、优越性及其自我完善能力的高度自信，不仅如此，毛泽东还进一步将人民内部矛盾上升为社会主义建设的"总题目"，并在《论十大关系》一文中就如何正确认识、处理人民内部矛盾做出了提纲挈领式的概括，从而为社会主义社会基本矛盾的最终解决指出了一条明确的路径。①

毛泽东认为，推动社会主义社会发展的动力仍然是各种矛盾的发展，没有矛盾就没有社会，执政党要正确认识和

① 张龙林：《毛泽东的社会基本矛盾理论及其当代价值》，《求实》，2013年第1期。

善于处理各种矛盾。必须明确的是，社会主义社会的基本矛盾仍然是生产关系和生产力之间的矛盾、上层建筑和经济基础之间的矛盾，它们不但表现在社会生活的各个方面，而且贯穿于社会主义社会的始终，基本矛盾的解决就是推动社会主义社会不断前进的根本动力。认为它不再需要用"急风暴雨式的群众运动"，或者"剧烈的阶级斗争"，完全可以在社会主义制度下，通过改革、协调的方式使矛盾得到解决。

"社会主义社会的矛盾同旧社会的矛盾，例如同资本主义社会的矛盾，是根本不相同的。资本主义社会的矛盾表现为剧烈的对抗和冲突，表现为剧烈的阶级斗争，那种矛盾不可能由资本主义制度本身来解决，而只有社会主义革命才能够加以解决。社会主义社会的矛盾是另一回事，恰恰相反，它不是对抗性的矛盾，它可以经过社会主义制度本身，不断地得到解决。"它的解决可以依靠社会主义自身的力量，通过对生产关系和生产力、上层建筑和经济基础不相适应的方面进行调整得到解决。例如，"在客观上将会长期存在的社会生产和社会需要之间的矛盾，就需要人们时常经过国家计划去调节。我国每年作一次经济计划，安排积累和消费的适当比例，求得生产和需要之间的平衡"。

第四节　社会主义基本矛盾理论的发展

1978年之后，十一届三中全会的召开昭示了我国全方位改革开放的开始，先后历经了以邓小平、江泽民、胡锦涛、习近平等为代表的中国共产党人对于社会主义社会建设理论的不断探索，逐渐扩展了中国特色社会主义理论体系的内容，丰富和发展了社会主义社会基本矛盾的理论，为中国共产党面临新时期、新任务提供了有力的理论支撑。[①]

一、较完整地构建出社会主义社会基本矛盾理论体系

经过中国社会主义建设实践，特别是改革开放30年的艰苦探索，社会主义社会基本矛盾理论体系逐渐成熟。党的十七大作了总结：在中国共产党领导下，立足基本国情，坚持改革开放，解放和发展社会生产力，"按照中国特色社会主义事业总体布局，全面推进经济建设、政治建设、文化

---

①王倩茹：《社会主义社会基本矛盾理论的创新发展》，《合肥学院学报》（社会科学版），2010年。

建设、社会建设，促进现代化建设各个环节、各个方面相协调，促进生产关系与生产力、上层建筑与经济基础相协调"；"建设社会主义市场经济、社会主义民主政治、社会主义先进文化、社会主义和谐社会，建设富强、民主、文明、和谐的社会主义现代化国家"。具体说，坚持解放和发展社会生产力，把改革创新精神贯彻到治国理政各个环节，坚持改革方向，提高改革决策的科学性，增强改革措施的协调性，推进经济体制、政治体制、文化体制、社会体制改革和创新，构建充满活力、富有效率，更加开放、更加有利于科学发展的体制和机制，为发展中国特色社会主义提供强大动力和体制保障，建设富强、民主、文明、和谐的社会主义现代化国家。

二、揭示出改革的实质

1956年，毛泽东已提出"改革"一词，甚至将改革与革命联系到一起，认为将来阶级消灭了，"社会制度还要改革，还会用'革命'这个词。当然，那时革命的性质不同于阶级斗争时代的革命。那个时候还有生产关系同生产力的矛盾，上层建筑同经济基础的矛盾，生产关系搞得不对头，就要把它推翻。上层建筑（其中包括思想、舆论）要是保护人民不喜欢的那种生产关系，人民就要改革它"。这里，毛泽东提出"推翻"、"改革"极为宝贵，他可能已感觉到改革在解决社会主义社会基本矛盾中意义重大。然而，毛泽东以后的思想和实践都始终未能体现"推翻"、"改革"的真正含义，十年"文化大革命"将"不同于阶级斗争时代的革命"完全掩盖。毛泽东对"改革"的认识使他无法触及社会主义社会基本矛盾的深层次方面的问题，当然也找不出有效地解决社会主义社会基本矛盾的方法与途径。随着解决我国社会主义社会基本矛盾的"改革"深入发展，对"改革"及其作用有了全新的认识："改革是中国的第二次革命"，即在我国"实现四个现代化，要求大幅度地提高生产力，也就必然要求多方面地改变同生产力发展不适应的生产关系和上层建筑，改变一切不适应的管理方式、活动方式和思想方式，因而是一场广泛、深刻的革命"。党的十七大更从社会发展趋势上强调"改革开放是党在新的时代条件下带领人民进行的新的伟大革命"。对改革实质的认识，促进人们对社会主义社会基本矛盾的内在结构、作用进行深层次研究，推动我国社会主义社会的向前发展。

三、明晰社会主义社会基本矛盾的运作方式

我国社会主义建设初期，毛泽东正确指出社会主义社会基本矛盾"不是对抗性的矛盾，它可以经过社会主义制度本身，不断地得到解决"。但如何"经过社会主义制度本身，不断地得到解决"，此后的"文化大革命"显然不是正确的答案。在我国深入进行的改革开放中，这一遗留难题得到较圆满的解决。改革开放实践形成共识："改革是在党和政府的领导下有计划、有步骤、有秩序地进行的"，"是社会主义制度的自我完善和发展"。在纪念党的十一届三中全会召开30周年大会上，胡锦涛在论及我国社会主义改革的历史经验时，提出了在自觉调整和改革生产关系与生产力、上层建筑与经济基础不相适应的方面和环节中，要"促进生产关系与生产力、上层建筑与经济基础相协调"。"相协调"的思想表明社会主义社会基本矛盾理论的深化与发展。

四、确立评价社会主义社会基本矛盾发展的标准

客观地说，毛泽东在很多场合提出过要发展、解放社会主义生产力的观点。但基于当时的历史条件，毛泽东对社会主义

社会基本矛盾的探索只是初步的，他还提不出以什么评价社会主义社会基本矛盾对社会主义社会发展的作用。也正是缺乏客观评价标准，毛泽东在以后的我国社会主义建设中对社会主义基本矛盾性质、解决方式发生众所周知的偏差，把社会主义社会基本矛盾当作阶级矛盾，并以阶级斗争的方式解决，导致我国社会主义建设发展出现不应有的曲折。

在我国改革开放深入发展中，中国共产党人在实践中提出了评价社会主义社会基本矛盾发展的客观标准："判断的标准，应该主要看是否有利于发展社会主义社会的生产力，是否有利于增强社会主义国家的综合国力，是否有利于提高人民的生活水平。"在纪念党的十一届三中全会召开30周年之际，胡锦涛再次重申这一标准："解放和发展社会生产力，增强综合国力，提高人民生活水平"，并将之视为"我们党对马克思主义和社会主义的历史性贡献"。正是把握生产力标准，我国的改革开放尽管遭遇各种困难与曲折，但是方向明确，不断深入发展。

我国社会主义建设仅仅六十多年就取得了巨大的成就，但取得的成就又是初步的，实现全面建成小康社会的目标还需要继续奋斗十几年，基本实现现代化还需要继续奋斗几十年，特别是当前，我国处于深入改革发展的关键时期，经济体制深刻变革，社会结构深刻变动，利益格局深刻调整，思想观念深刻变化等空前的社会变革，给我国发展进步带来巨大活力，也必然带来众多的矛盾和问题。我们要自觉运用马克思主义辩证唯物论和历史唯物论，积极探索，认识社会主义社会发展的客观规律，少走弯路、错路，去迎接更加辉煌的社会主义和谐社会。

第四章　正确处理人民内部矛盾是国家政治生活的主题

第一节　肃反问题

一、肃反事件的背景和简介

"肃反运动"是1955年至1957年在全国范围开展的肃清反革命运动。当我国社会主义改造高潮即将到来之际,暗藏的反革命分子又开始抬头了。1954年,经济企业系统发生的反革命破坏事件就达340多起,发生凶杀、暗杀事件6300多起,有13个省发生反革命暴乱和19起骚乱事件。针对这种情况,1955年5月14日,党中央发出了关于全党必须提高警惕性,加强同各种反革命分子和犯罪分子进行斗争的指示。7月1日,党中央又发出了关于开展肃清一切暗藏的反革命分子斗争的指示。1955

年下半年，肃反运动在"提高警惕，肃清一切特务分子；防止偏差，不要冤枉一个好人"的方针指导下开展起来。经过一年多的斗争，从国家机关、革命团体、各民主党派和共产党内部清查出一批暗藏的反革命分子，在社会上也给了残余的反革命分子沉重打击。1957年春，肃清反革命运动取得了重大胜利。

肃反运动与党内斗争关系不太大，确实有一些人受到了冤枉，但这是局部的，不能以偏概全。肃反与后来的反右运动也不一样，反右确实扩大化了，大部分人都是受冤枉的。而肃反中冤枉的是少数。

二、分析指出肃反的性质是要分清敌友和是非，以防止出现"左"和右的错误

毛泽东在《关于正确处理人民内部矛盾的问题》中指出："肃清反革命分子的问题是敌我矛盾的斗争问题。在人民内部，有些人对于肃反问题的看法，也有一些不同。"其中，两种错误的观点包含：一类是"左"倾错误，即将敌我矛盾扩大化，将人民内部矛盾当成敌我矛盾，是非不分，错误地将有利于社会建设的朋友当成敌人给予打击，要认识到在当时的中国，反革命分子是极少数人，而大部分知识分子、学生以及经

过改造的资产阶级属于拥护社会主义的"人民"范畴；第二类是右倾错误，即认敌为友，认识不到反革命分子对社会主义建设的威胁而不对存在于党内和人民内部的反革命分子进行应有的惩罚。

三、毛泽东在文中分析了开展肃反的必要性

首先，肃反是为了国家的巩固，为了新生政权的稳定。"匈牙利事件发生以后，在我国一部分知识分子中有些动荡，但是没有引起什么风浪。原因之一就是我们相当彻底地肃清了反革命。""我们在肃清反革命方面的成功，无疑是我们国家巩固的重要原因之一。"在此，毛泽东对肃反运动在混乱的国际和国内环境中的维稳功能给予了很高的评价。

其次，肃反是为了解放生产力，把长期以来在反革命分子和恶霸分子压迫下的人民群众解放出来。毛泽东在文中指出："解放以后，一些有严重罪行的反革命分子被处了死刑……我们如果不这样做，人民群众就会抬不起头来。"由于新中国的建立和社会主义改造是依靠人民群众的支持，才得以实现的。在解放之初，一些大地主和资本家曾经给人民严重的剥削，与人民群众是很尖锐的对立关系，因此对这部

分人必须给予严厉打击，才能将人民从剥削关系中解放出来，赢得广大人民群众的支持，解放人们群众，才能增强为社会主义建设的力量。

四、肃反方针——有反必肃，有错必纠

毛泽东指出，在肃反工作中，凡是已经发现了的错误，我们都已经采取了或者正在采取纠正的步骤。没有发现的，一经发现，我们就准备纠正。原来在什么范围内弄错的，也应该在什么范围内宣布平反。同时他提议，对于肃反工作全面检查一次，总结经验，发扬正气，打击歪风。中央由人大常委会和政协常委会主持，地方由省市人民委员会和政协委员会主持。在检查工作的时候，我们对广大干部和积极分子不要泼冷水，而要帮助他们。向广大干部和积极分子泼冷水是不对的。但是发现了错误，一定要改正。无论公安部门、检察部门、司法部门、监狱、劳动改造的管理机关，都应该采取这个态度。我们希望人大常务委员、政协委员、人民代表，凡是有可能的，都参加这样的检查。这对于健全我们的法制，对于正确处理反革命分子和其他犯罪分子，会有帮助的。国家工作人员要定期反省自己的工作，其实就是在发扬中国共产党"密切联系群

众"、"批评与自我批评"的优良作风,纠正党的官僚主义作风错误,及时地发现和挽救很多失误。

五、肃反运动的局限

肃反运动的深刻教训也是值得吸取的。在社会主义建设时期,党内开展面对面的无情斗争,无限上纲,错误地打击处理了一批好同志,给政治运动蒙上了一层沉重阴影,阻碍了经济社会的和谐发展的进程。肃反运动中出现的错误,有些是严重破坏了社会主义法制建设。比如以行政命令违法限制人身自由,违法搜查住宅、行李、物件,并且扣押、没收、损毁这些物件。这种现象的蔓延,近期到1957年的整风反右,远期到十年"文革",都造成了很多遗留问题。在肃反中由于"左"的影响,一些单位混淆了两类不同性质的矛盾,将一些有一般政治历史问题的人当作反革命分子进行了处理,致使一些人定性不准,处理不当,造成一些错案。

第二节　农业合作化问题

"我国有五亿多农业人口,农民的情况如何,对于我国经济的发展和政权的巩固，关系极大。"毛泽东在谈到农业问题之初就指出了农民和农业问题在中国革命和社会主义建设事业中的重要地位。在无产阶级革命时期，农民是无产阶级的天然同盟军，对革命的发展发挥重要作用。而在无产阶级夺取政权、建立社会主义国家后，农民作为社会主义建设者，对社会主义经济发展也起着重要作用。我们党素来重视农村问题。毛泽东在农业合作化方面主要论述了农村实行农业合作化的优越性，并指出了农业合作化推进中存在的矛盾以及处理办法。

一、农业合作化问题的背景

农业合作化运动即指农业社会主义改造。在人民民主专政条件下，通过合作化道路，把小农经济逐步改造成为社会主义集体经济，是中国共产党在过渡时期总路线的一个重要组成部分。"党在完成土地改革以后，遵循自愿互利、典型示范和国家帮助的原则，采取三个互相衔接的步骤和形式，从组织带有社会主义萌芽性质的临时互助组和常年互助组，发展到以土地入股、统一经营为特点的半社会主义性质的初级农业生产合作社，再进一步建立土地和主要生产资料归集体所有的完全社会主义性质的高级农业生产合作社。"①

1949年10月到1953年属于第一阶段，这一阶段以办互助组为主，同时试办初级形式的农业合作社。中共中央在1951年9月召开了第一次互助合作会议，讨论通过了《关于农业生产互助合作的决议》，并以草案的形式发给各地党委试行。此后，各地党委加强了领导，使农业互助合作运动取得了较大的发展。到1952年底，全国农业互助合作组织发展到830余万个，参加的农户达到全国总农户的40%，其中，各地还个别试办了农业生产合作社（初级社）3600余个。1952年冬至1953年春，在发展农业互助合作运动中出现了急躁冒进倾向。为纠正这种倾向，中共中央于1953年3月8号发出了《关于缩减农业增产和互助合作五年计划的指示》，又于3月26号发表了《关于春耕生产给各级党委的指示》，并公布了《中共中央关于农业生产互助合作的决议》。4月3号，中共中央农村工作部召开第一次全国农村工作会议，阐述了"稳步前进"的方针。10月15号、11月4号毛泽东两次同中共中央农村工作部负责人谈话，提出互助合作运动是农村中一切工作的纲，是农村工作的主题，说

①达建彬：《从农业生产合作社到农民专业合作社历史演变的深层思考》，《江西师范大学学报》，2009年。

"纠正急躁冒进"是一股风，吹倒了一些不应吹倒的农业生产合作社。两次谈话，有许多正确的意见，但也表现出在农业合作化问题上急于求成、贪多图大的思想。12月16日，中共中央公布了《关于发展农业生产合作社的决议》，此后，农业合作社从试办进入发展时期。

1954年至1955年上半年是第二阶段，这一阶段初级社在全国普遍建立和发展。1954年春，农业生产合作社发展到9.5万个，参加农户达170万户，大大超过了中央提出的数字。4月中央农村工作部召开第二次农村工作会议。会议分析了互助合作运动的形势，指出农村将相继出现一个社会主义革命高涨的局面。为了吸引更多的农民入社，国家从各方面大力支援农业生产合作社。到同年秋，全国新建农业生产合作社13万多个，加上原有的共22.5万多个。1954年10月，中央农村工作部召开了全国第四次互助合作会议，决定到1955年春耕以前，将农业生产合作社发展到60万个。中共中央批准了中央农村工作部关于这次会议的报告。到1955年4月，合作社发展到67万个。由于发展速度过猛，不少地方又出现了强迫命令、违反自愿互利原则的现象。中共中央在1955年初发现了上述问题，发出了一系列通知和采取措施纠正偏差。1月10号，中央发出《关于整顿和巩固农业合作社的通知》，要求各地停止发展，集中力量进行巩固，在少数地区进行收缩。3月上旬，毛泽东提出了"停、缩、发"的三字方针，即根据不同地区的情况，停止发展、实行收缩和适当发展。为了贯彻三字方针，农村工作部于4月下旬召开了全国第三次农村工作会议，总结经验，布置工作，提出要求。到1955年7月，全国原有67万个合作社，经过整顿，巩固下来的有65万个。1955年5月17日，中共中央召开华东区、中南区和河北、天津、北京等15个省市委书记会议。根据毛泽东原来的提议，会议提出1956年发展到100万个社的意见。6月中旬，中央召开政治局会议，批准了关于到1956年合作社发展到100万个的计划。不久，毛泽东从南方考察回来，主张修改计划，加速发展。担任农村工作部部长的邓子恢不赞成改变计划，认为合作化运动应与工业化速度发展相适应，不宜发展过快。毛泽东认为邓子恢和中央农村工作部思想右倾。

1955年下半年至1956年底是第三阶段，这一阶段是农业合作化运动迅猛发展时期。1955年7月31日，中共中央召开省、市、自治区党委书记会议。毛泽东在会议上作了《关于农业合作化问题》的报告，对党的农业合作化的理论和政策作了系统阐述，并对合作化的速度提出新的要求。报告还严厉批评了邓子恢等人的"右倾"。10月4日至11日，中共中央在北京召开七届六中全会，通过了《关于农业合作化问题的决议》，要求到1958年春在全国大多数地方基本上普及初级农业生产合作，实现半社会主义合作化。会后，农业合作化运动急速发展，仅3个月左右的时间就在全国基本实现了农业合作化。到1956年底，参加初级社的农户占总农户的96.3%，参加高级社的达到农户总数的87.8%，基本上实现了完全的社会主义改造，完成了由农民个体所有制到社会主义集体所有制的转变。

二、农业合作化的优越性

毛泽东在《正确处理人民内部矛盾的问题》中，通过阐述农业合作的优越性，回应了当时国内出现"部分农民退社"、抱怨农民权益受损等问题。毛泽东这样论述道："合作化究竟有没有优越性呢？今天会场上发的文件里面，有一个关于河北省遵化县王国藩合作社的材料，大家可以看一看。这个合作社所在的地方是一个山地，历来很穷，年年靠人民政府运粮去救济。1953年开始办社的时候，人们把它叫作'穷棒子社'。经过了四年艰苦奋斗，一年一年好起来，绝大多数的社员成了余粮户。王国藩合作社能做到的，别的合作社，在正常情况下也应该能做到，或者时间长一点也应该能做到。由此可见，那些说合作化不好了的议论是没有根据的。"

合作化的优越性主要表现为：

首先，农民的积极性被充分地调动起来。1951年《中共中央关于农业生产互助合作的决议（草案）》一开头就十分明确地指出："农民在土地改革的基础上所发扬起来的生产积极性，表现在两个方面，一方面是个体经济的积极性，另一方面是劳动互助的积极性。这个认识是符合当时农村实际的，估计是恰当的。土地改革后，占农村人口70%以上的贫下中农因分得土地而成为个体经济者，这些刚刚获得土地的翻身农民都有一种强烈的愿望，用自己的双手去迅速摆脱贫困，从此过上好日子。这种要巩固私有权，发展个体经济，成为富裕农民，已成为一种发展趋势。另一方面是，广大贫下中农虽然分得了土地，但是，中国的土地制度改革是处在自给自足自然经济占绝对优势条件之下，生产方式十分落后，农村经济存在很大不平衡的情况下进行的，因此，他们虽然获得了程度不等的土地，但翻身农民在劳动力、畜力、农用工具等问题上又存在着显著的差异。这种高度的劳动热情与劳动条件之间的矛盾，迫使个体农民之间要求互助与合作，并通过互相帮助，调剂余缺，来克服生产过程中遇到的种种困难。这就说明当时有相当部分的个体农民身上具有互助合作的迫切要求。党所制定的农业合作化方针、政策，就是在充分考虑、照顾个体经济积极性的同时，把蕴藏在个体经济者中间的互助合作积极性发挥出来，引导农民走互助合作、共同富裕的道路。

其次，促进了农业生产的发展。对此，毛泽东在文中说："农民生产很起劲，虽然水旱风灾比过去几年中哪一年都大，但是全国的粮食仍然增产……"我们也可以用一组数据来证明。农业合作化期间，1952年我国粮食产量为3088亿斤，比1949年增加45%，1955年粮食产量增长到3496亿斤，1956年农业遭灾，但是粮食仍增176亿斤。毛泽东指出，我们要用发展的眼光看待在农业合作化过程中出现的问题，站在发展的立场中，指出农业合作化的改革，促进其发展壮大。要正确对待农村改革道路上的曲折，坚信光明的前途，才能满怀信心地战胜困难和挫折。

三、农业合作化推行中存在的农民问题及解决

毛泽东指出农村合作化在推行过程中，总体是好的，但是

也存在一些问题，主要表现在国家同合作社之间、在合作社内部、在合作社同合作社相互之间存在一部分矛盾，但这些矛盾都属于人民内部之间的矛盾。

毛泽东在《正确处理人民内部矛盾的问题》中首先指出："许多人说农民苦，这种意见对不对呢？就一方面说来是对的。"接着以中国建国初的整体贫困为背景，不仅是农民，工人、知识分子等生活都处于很低的水平。要改变中国落后的现状需要全国上下人民长期的艰苦奋斗才能实现。我们不能否认，建国之后，农民从地主阶级的剥削中解放出来，生产力得到较快发展，农业增产，农民增收，农民的生活得到了很大的改善，使还存在的农村中一小部分缺粮户不再缺粮，除了专门经营经济作物的某些农户以外，统统变为余粮户或者自给户，使农村中没有了贫农，使全体农民达到中农和中农以上的生活水平。其次，毛泽东在书中分析了部分人认为对农民收税过重，农业和工业间差距大的问题。"拿农民每人每年平均所得和工人每人每年平均所得相比较，说一个低了，一个高了，这是不适当的。"毛泽东说其适当是站在农民和工人不同的生产效率和生活消费成本之上的，工人较农民拥有较高的生产效率，但农民因为粮食自产自销等原因生活费用又比工人少很多。所以，在进行再分配时，存在一定的城乡差距和工农差距是具有合理性的。但是，工农之间的矛盾属于人民内部矛盾，对"有少部分工人的工资以及有些国家机关工作人员的工资是高了一些，农民看了不满意"的问题，国家和政府需要做些内部适当的调整，以化解人民之间的矛盾和不满，巩固农村合作社，争取最广泛的人民群众的支持，建立"为社会主义事业"而努力的统一战线。

但不能否认，处于当时中国工农业整体落后的基础上，为了推进我国工业化的进程，确实存在部分重工轻农、伤害农民利益的举措和现象。新中国成立后，为了把我国从一个落后的农业国建设成为一个先进的工业国，1953年中央制定的"一五"计划中明确指出，我国工业化的指导思想是优先发展重工业，建立国家工业化和国防现代化的基础，开始社会主义工业化建设。优先发展重工业的建设路线在取得重大成绩的同时，也带来了问题——国民经济严重失调。"一五"期间，虽然在指导思想上肯定以重工业为中心，相应地发展轻工业、农业和其他事业的方针，但在实践中不能依据实际情况及时调整投资比例。把全部基本建设投资的58.2%用于工业基本建设，在工业建设投资中88.8%用于新建和改建钢铁、煤炭、汽车、飞机、重型机器等制造生产资料的工业；农林水利等为32.6亿元，只占7.6%。到1956年，农业生产情况很不好，粮食、油料大幅度减产；人民日用产品生产下降，许多商品库存减少，到处供应紧张；社会上出现了哄抬物价、抢购商品、投机倒把的现象。一些地区粮食脱销，若干小城镇和受灾地区开始出现粮食市场混乱现象，连北京、天津的面粉供应都出现令人担心的情况。一个根本原因就是在社会主义建设急于求成的愿望驱动下，提出了"以钢为纲"的口号，再次大办钢铁，大炼"争气钢"，使轻工业生产水平急剧下降，农业生产遭到严重破坏。正是由于急于求成的顽症一直未能克服，才造成了长期忽视农业和轻工业，忽视人民生活，片面强调扩大重工业的建设规模，造成国民经济比例的严重失调。同时，政府对农村和农民征收税收，农产品和工业品之间存在较大的剪刀差，在一定程度上损害了农民的权益。在以后的建设中，政府需要进一步考虑，正确处理工业和农业的关系，统筹国家、集体和个人之间的利益。

对于农村合作社出现的工农矛盾、农村社会水平较低引发农民不满等问题，毛泽东在文中提出解决策略，即"必须经常注意从生产问题和分配问题上处理上述矛盾"。"在生产问题上，一方面，合作社经济要服从国家统一经济计划的领导，同时在不违背国家的统一计划和政策法令下保持自己一定的灵活性和独立性；另一方面，参加合作社的各个家庭，除了自留地和其他一部分个体经营的经济可以由自己作出适当的计划以外，都要服从合作社或者生产队的总计划。在分配问题上，我们必须兼顾国家利益、集体利益和个人利益。对于国家的税收、合作社的积累、农民的个人收入这三方面的关系，必须处理适当，经常注意调节其中的矛盾。国家要积累，合作社也要积累，但是都不能过多。我们要尽可能使农民能够在正常年景下，从增加生产中逐年增加个人收入。"[1]

四、农业合作化问题分析局限及其当代价值

作为一个农业大国，农村、农业和农民问题一直是新中国经济发展的重要部分，受到各界的广泛关注。在50年代，我国就显现出城乡差距拉大，工农之间差距拉大，农民贫穷落后、福利待遇低的问题。毛泽东在当时的决策对于我国当今"三农"问题的解决，促进农民增产增收，缩小城乡差别具有深远

---

①张丽：《中共第一代领导人对执政党建设问题的认识》，《东北师范大学学报》，2004年。

的指示意义。毛泽东在《关于正确处理人民内部矛盾的问题》中对农村合作化问题的分析存在一定的局限性。毛泽东的分析基于建国初以重工业为先的背景，过分强调农民的奉献，在农民收入本来就很低的情况下，对农民征收农业税以支撑我国工业化建设，为工业化建设提供原材料和原始资本积累，强调农村在生产和增收中的主动性和积极性，而忽视国家的责任。但是，毛泽东对农村问题的重要地位和农村合作社的优越性的论断在当下社会依然是正确的。

在21世纪里，农业、农村、农民问题同样将在中华民族走向伟大复兴的新的历史征程中处于极其重要的位置，发挥着不可或缺的基础和保障作用。从这个意义上来说，能否成功解决农业、农村、农民问题决定了中国的社会主义现代化建设成功与否。因此，解决"三农"问题是建设中国特色社会主义事业的重要工作任务。党在十六大上提出了全面建设小康社会这一奋斗目标，以胡锦涛为总书记的领导集体对"三农"问题尤其重视，提出只有解决好"三农"问题才能实现全面建设小康社会。也只有解决好"三农"问题，才能不断推进改革开放的脚步和深化社会主义现代化建设的进程，才能在2020年全面建成小康社会。

作为"三农"问题中的核心问题，"农民问题主要表现为农民收入低，增收难，城乡居民贫富差距大，实质表现为农民权利得不到保障。农村问题集中表现为农村面貌落后，经济不发达"[①]。农业问题集中表现为农民种田不赚钱，产业化程度低。解决"三农"问题实质就是要解决农民增收、农业增长、农村稳定问题，这是一个关系十三亿人口大国国计民生的大问题。小农经济无力扩大再生产和采用新的生产技术的弱点，既造成了农民家庭的贫困，也无法为工业化的开展提供足够的原料、劳动力及开辟广阔的市场，因此将个体农民组织起来实行合作化是落后国家走向现代化的必由之路，这正是毛泽东合作化思想的价值和合理性所在。要解决当前农业生产发展缓慢，农民收入增长缓慢的问题，根本的途径只能是走合作化道路，即以个体小农的合作来创造规模经济效应，解决融资难、跑市场难、采用先进科技难等问题。十七届三中全会明确指出：推进农业经营体制机制创新，加快农业经营方式转变，家庭经营要向采用先进科技和生产手段的方向转变，增加技术、资本等生产要素投入，着力提高集约化水平。统一经营要向发展农户联合与合作，形成多元化、多层次、多形式经营服务体系的方

---

① 刘祖川：《"三农"问题的彻底解决》，《生态经济》，2011年。

向转变，发展集体经济，增强集体组织服务功能，培育农民新型合作组织，发展各种农业社会化服务组织，着力提高组织化程度。发展农业合作经济组织是建立现代农业，进一步解放和发展农村生产力，改变农业生产关系，创新农村发展体制和机制的必然要求。

我们用合作化的方式促进农村生产力的提高，做大蛋糕的同时，要在分配中统筹好国家、集体和个人的利益。在工业化初始阶段，农业支持工业、为工业发展的原始积累做了很大贡献；但现在我国的工业化已经发展到一定程度，有能力进行工业反哺农业，改善农村落后、农民贫穷、农民权益保护缺失的状况，实现工业与农业、城市与农村协调发展，消解农村与城市、农民、工人、政府工作人员等不同群体间的矛盾。同时，我们必须清醒地认识到社会主义市场经济的建立，必然会带来利益调整、体制转换和观念更新，而由此产生的人民内部之间的经济利益矛盾比以往任何时候都表现得更为突出。比如，地区之间贫富矛盾，个人收入差距的矛盾，先富共富间的矛盾等等。要解决这些矛盾，必须采取继续发展生产力的方式，同时配合必要的生产关系的调整来解决。如全面取消农业税，为农民减负的同时，增大惠农、支农力度，大力促进公共服务供给的均等化，增进农民福利。

第三节　工商业者问题

一、工商业者问题提出的背景

建国初期，中国共产党在全国范围内组织了对于农业、资本主义工商业和手工业进行的社会主义改造。其中，对于资本主义工商业的社会主义改造是三大改造的重点。在我国新民主主义革命胜利和土地制度改革完成以后，国内的主要矛盾转为工人阶级和资产阶级之间、社会主义道路和资本主义道路之间的矛盾。国家需要资本主义工商业有一定的发展，合理调整工商业即一定程度上恢复和发展资本主义工商业，之所以采取这项措施，是基于如下考虑：第一，国家财政经济困难；第二，私人资本主义经济在国民经济中仍占重要地位；第三，调动其积极性对恢复国民经济将起重要作用。但资本主义工商业又存在着不利于国计民生的一面，这就出现了限制和反限制的斗争。为了把原来落后、混乱、畸形发展的资本主义工商业逐步引上社会主义改造的道路，从

1953年起，中国共产党在全国范围内果断地对资本主义工商业进行了大规模的社会主义改造。

改造分为两个步骤：第一步是把资本主义转变为国家资本主义；第二步是把国家资本主义转变为社会主义。1953年6月，中共中央根据中央统战部的调查，起草了《关于利用、限制、改造资本主义工商业的意见》。9月，毛泽东同民主党派和工商界部分代表座谈，指出国家资本主义是改造资本主义工商业的必经道路。10月，中华全国工商联合会召开了会员代表大会，大会传达了中共在过渡时期的总路线和对资本主义工商业的社会主义改造的政策。在过渡时期总路线指引下，到1954年底，主要的大型私营工业企业多数已经通过公私合营的方式转变为公私合营企业。在商业方面，则在国家掌握一切重要货源的情况下，通过使私营商业执行经销代销业务的方式向国家资本主义商业转变。"1955年下半年，不少大中城市出现了资本主义工商业全行业公私合营的趋势。11月，中共中央召集各省、市、自治区党委负责人会议，加强了对全行业公私合营的领导。这时，农业合作化高潮的兴起，最后地断绝了资本主义和农村的联系，资本主义工商业全行业公私合营的条件已经成熟。全行业公私合营，是国家资本主义的最高形式，是使资本主义所有制转变为社会主义公有制的具有决定意义的重大步骤。1956年1月10日，北京首先宣布实现全行业公私合营。接着，上海、天津、广州、武汉、西安、重庆、沈阳等大城市以及50多个中等城市相继实现全行业公私合营。在1956年的第一季度末，全国全行业公私合营的私营工业已达到99％，私营商业达到85％，基本上完成了对资本主义所有制的社会主义改造。"[1]

在对资本主义工商业改造高潮中，中共中央、国务院先后发出一系列指示，对民族工商业者的选举权、工作和生活作了充分保障，使民族工商业者在不太勉强的情况下接受社会主义，从而保证了资本主义工商业社会主义改造的顺利进行。在资本主义工商业改造高潮中，也存在着过急过快和过粗的问题。同一时期，中国共产党还顺利地开展和完成了对于农业和手工业的社会主义改造工作。社会主义三大改造的胜利完成，为新中国从新民主主义社会向社会主义社会过渡创造了条件。

---

[1]汪娜：《改革开放以来中国共产党发展观的演进研究》，《兰州大学学报》，2009年。

二、毛泽东对工商业者问题的论述

首先，工人阶级同工商业之间的矛盾依然存在。毛泽东在《关于正确处理人民内部矛盾的问题》一文中这样说道："一方面，资产阶级分子已经成为公私合营企业中的管理人员，正处在由剥削者变为自食其力的劳动者的转变过程中；另一方面，他们现在还在公私合营的企业中拿定息，这就是说，他们的剥削根子还没有脱离，他们同工人阶级的思想感情、生活习惯还有一个不小的距离。"所以，我们说，民族资产阶级依然存在着资产阶级的腐朽思想，依然存在剥削工人赚取利润的一面，他与工人阶级的矛盾没有消失。但是因为他是我国民主革命和社会建设的重要力量，是我们的同盟军，愿意参加劳动，接受社会主义改造，又是我们的朋友，是人民的重要组成部分之一。所以，工人阶级与民族资产阶级属于人民内部的矛盾，它们之间的矛盾本身就同时具有对抗性和非对抗性。人民内部矛盾在劳动人民之间来说，是非对抗性的；在被剥削阶级和剥削阶级之间来说，除了对抗性的一面，还有非对抗性的一面。民族资产阶级的两面性存在于中国民主革命时期和社会主义革命时期。民族资产阶级是殖民地、半殖民地或民族独立国家中同帝国主义联系较少的资产阶级。是在本国封建主义解体，外国资本主义入侵过程中形成和发展起来的。它要求民族独立，发展资本主义，建立资产阶级共和国。民族资产阶级具有两面性，一方面，因受帝国主义压迫和封建主义束缚，有反帝反封建的革命性；另一方面，因与帝国主义和封建主义有千丝万缕的联系，经济政治力量弱小，反帝反封建不彻底，具有妥协性。在民族独立国家，它掌握国家政权，实行一定程度的政治经济改革，但又实行资产阶级专政，剥削和压迫劳动人民。民族资产阶级与工人阶级之间是剥削与被剥削的对抗性矛盾。在中国，民族资产阶级在民主革命时期有革命性的一面，又有妥协性的一面，不能领导中国民族民主革命取得胜利，只能充当无产阶级的同盟军。在社会主义革命时期，既有剥削工人取得利润的一面，又有拥护宪法，愿意接受社会主义改造的一面，是人民的一部分。

其次，提出"在建设社会主义社会的过程中，人人需要改造，剥削者要改造，劳动者也要改造"的思想。毛泽东指出，工人阶级和民族资产阶级都需要改造，但这是两种不同性质的改造，不能混为一谈。一方面，由于资产阶级两面性，"他们同工人阶级的思想感情、生活习惯还有一个不小的距离。就是不拿定息，摘掉了资产阶级的帽子，也还需要一个相当的时间继续进行思想改造。"思想和行为习惯的改善是一个不断强化和学习的过程，要想将资产阶级彻底改造成一个社会主义社会的劳动者、建设者，就要在劳动中不断加强他们的思想改造和行为改造。另一方面，毛泽东援引自己对马克思主义学习的深化，"我这个人从前就有过各种非马克思主义的思想，马克思主义是后来才接受的。我在书本上学了一点马克思主义，初步地改造了自己的思想，但是主要的还是在长期阶级斗争中改造过来的。"毛泽东指出，普通劳动者也要不断学习，加强自己对社会主义思想的学习和实践，用科学思想武装自己，改掉陋习，从而保持工人阶级的先进性。如原文所说"工人阶级要在阶级斗争中和向自然界的斗争中改造整个社会，同时也就改造自己。工人阶级必须在工作中不断学习，逐步克服自己的缺点，永远也不能停止"。天下没有完人，觉悟程度是逐步提高的，认识也是不断发展的，因此要经常进行自我改造。无产阶级有自己的阶级本性，反抗剥削压迫，思想先进，但要发展成为有高度觉悟性、战斗性、组织性的阶级，也要进行自我改造。无产阶级和资产阶级生活在一个社会里，不能不受资产阶级思想意识和习惯势力的影响，而且还有封建思想的影响。所以，无产阶级、共产党要不断消除自己队伍中的非无产阶级思想影响，把旧的东西剔除掉。只有能自我改造的人，才能改造别人。

三、关于工商业者问题的意义

概括来说，对资本主义工商业的社会主义改造这一历史事件，我们应该客观来看待。当时，把马克思主义的基本原理同中国具体实际相结合，通过国家资本主义对资本主义工商业进行社会主义改造，坚持"公私兼顾，劳资两利"和"分工合作，各得其所"的原则，对资本主义工商业采取加工订货、统购包销、经销代销和公私合营等形式，走的是逐步向社会主义过渡道路。改造完成后，私人资本主义经济在我国已经不存在；资产阶级作为剥削阶级也被消灭了，成长为新社会的劳动者；解决了工人阶级和资产阶级、私人资本主义经济和国家计划经济之间的矛盾；为我国以后的进步事业和各项经济建设创造了条件。但是，私人资本主义工商业的改造过程中存在着合营的面过宽、改组过多，把小商小贩、小手工业者和有轻微剥削行为的小业主都列入合营范围，混淆了劳动者和剥削者的界限，对原有工商业者使用和处理不当等偏差和失误，降低了人民的生产积极性；同时，在改造后期，存在着要求过急、工作过粗、改变过快等情况，也不利国民经济的健康、稳步发展，也为后来的大跃进和人民公社运动埋下了隐患。

但是，我们必须认识到资本主义工商业社会主义改造的伟大成功，我国对资本主义工商业的社会主义改造是按照中国的特点有步骤地进行的。实践证明，这个改造在当时的社会历史条件下是必要的、是成功的，创造了一条具有中国特色的社会主义改造道路。在这场伟大的变革中，我们党取得了丰富的经验。

首先，创造了国家资本主义的多种过渡形式，通过这些形式，由低级到高级，逐步实现对资产阶级的和平赎买。马克思、恩格斯在《共产主义原理》和《法德农民问题》这两篇著作中，首先提出了和平赎买的思想。但是通过什么形式赎买，他们没有进一步阐述。列宁也提出了通过国家资本主义这一途径，来对文明资本家进行赎买。然而，列宁的设想在俄国也没有来得及变成现实。中国共产党把马列主义同中国实际相结合，从中国特殊的历史条件出发，创造了从低级（加工、订货、统购、包销、经销、代销）到高级（从单个企业的公私合营到全行业公私合营）各种形式的国家资本主义，并抓住了公私合营这个国家资本主义的最高形式和主要环节，成功地实现了对私营资本主义经济的社会主义改造。而且，在整个改造期间，社会稳定，整个国民经济得到很大的发展。中国的成功实践为国际共产主义运动提供了极其宝贵的经验。

其次，50年代的私人资本主义与今天的私营、民营经济虽然在所有制上都具有私人占有性质，但它们在两个不同时期在国民经济中的比重、地位、作用都是大有差异的。而且现阶段，我们仍坚持以公有制为主体，私营经济只是丰富多样的所有制形式之一，今后所有制的发展方向，也只能以公有制为主导。今天私营企业的发展，至少在相当长的一段时间内，还不关系到中国走社会主义道路还是走资本主义道路的问题。而在50年代初期，两条道路的斗争是很激烈的，当时的环境与条件并不允许私人资本主义无限制地发展。何况当时国营企业与私人企业在劳动生产率的比较上，前者要大大优于后者，并不是像现在的国有企业出现这样那样的问题。当时，国营企业在管理体制上虽也有不尽如人意之处，但它与私人资本主义企业相比，其先进性和优越性是显而易见的。从一定程度上讲，对资本主义工商业的社会主义改造，当时的本意也是为了使这些企业通过改造，提高生产力水平，以适应国家工业化的要求。事实上，这些企业在改造完成之后，确实在生产效率、管理水平、职工积极性诸方面，都大大超过了改造前的水平。

再次，在对资本主义工商业的社会主义改造中，坚持了既改造企业，也改造资本家个人的方针。中国共产党正确地分析了我国民族资产阶级的特点，把民主革命时期"两个联盟"的经验，成功地运用到社会主义革命中来，因此，我国的社会主义改造是在加强和发展工农联盟，继续保持同民族资产阶级的统一战线的基础上进行的。党把对资本主义工商业的社会主义改造，同对资产阶级分子的团结、教育、改造结合起来。对资本家，在政治上给予适当安排，思想上给予充分关心，经济上给予较高的福利，并且有计划地培养一部分眼光远大的、愿意和共产党合作的进步资本家，通过各个渠道（民建会、工商联等）吸收他们参加社会主义改造的工作实践，并以他们为榜样去影响、教育大部分资本家，把资产阶级分子改造成自食其力的劳动者。实践证明，统一战线在社会主义改造时期发挥着巨大的作用。

四、关于我国资本主义工商业社会主义改造的评价与反思

我国对资本主义工商业的社会主义改造虽然创造性地运用

了列宁的国家资本主义理论和马恩提出的对资产阶级实行赎买的设想，实现了和平改造。成功的重要标志是改造过程中经济不仅没有遭到破坏，而且还有了发展。党的十一届六中全会在肯定这次改造是"伟大的历史胜利"的同时，指出了对于一部分原工商业者的使用和处理"不很适当"。对资本主义工商业的社会主义改造给我国的经济造成了一些不良的影响，主要表现有：

首先，使我国的商品经济彻底转变成产品经济，促进了高度集中的经济体制的完成。本来商品经济的充分发展是社会经济发展不可逾越的阶段，我国解放前是商品经济还很不发达而且发展很不平衡的国家，建国后，尤其是对资本主义工商业的社会主义改造的基本完成，标志着商品经济向产品经济的转变。在国民经济恢复时期和"一五"前期，我国还存在着多种经济成分，有国营经济、合作社经济、国家资本主义经济、私人资本主义经济、个体经济等经济成分。从整个国民经济来说，由于当时客观条件所限，只能实行商品经济的体制。当时在农村自然经济还占着优势。但是，在城市里，商品市场、生产资料市场、资金市场、劳动力市场都相当发达。这时，党和政府本应该大力扶植和完善这些市场的发展，并使之逐渐符合社会主义商品经济发展的需要，但我们没有这样做，相反，采取了限制和消灭的政策。

其次，阻碍了农村经济的商品化。在对资本主义工商业进行社会主义改造的过程中，采取的一项重要措施，叫作割断资本主义与农村的联系，如把私商排挤出批发商业，对粮食、油料、棉花实行统购统销等。所谓"资本主义与农村的联系"过程，也就是农村卷入商品经济的过程。在这个过程中，会出现两极分化的阵痛，但农村由自然经济转变为商品经济，必然会推动农村生产力的发展，促进农业现代化的进程，这是农村的一场革命。割断了资本主义与农村的联系，却又没有着力在农村发展社会主义商品经济，事实上是保护了落后的自然经济。时至今日，农业中仍是自然经济和半自然经济占据着优势，绝大多数农民仍然只是为吃饱肚子而耕作，农业已成为我国经济发展的薄弱环节。

再次，埋没了一批善经营、懂技术的人才。"在我国私营企业的资方人员中，有不少是懂得现代的经营管理和科学技术的人才。这些人员在全行业公私合营以后虽也作了安排，但大多在经营管理方面已无实权。他们对于经营商品经济的知识和技术被埋没了。与此同时，割断了与国际上的经济联系。新中国成立后，特别是朝鲜战争爆发后，帝国主义对新中国实行了经济封锁。但我国的私人资本主义经济由于历史的和社会关系的原因，与国际上仍保持着微弱的却是千丝万缕的联系，有些资本家在海外还有投资或开办着企业。我们没有因势利导，利用这种联系来冲破帝国主义的经济封锁，而是通过消灭国内的资本主义经济，自己把这种联系的渠道给割断了。"[1]进入到20世纪50年代末期之后，我国与苏联的关系发生恶化，两国之间产生了一次论战，这就导致我国几乎中断了与他国的经济联系。

第四节 知识分子问题

对知识分子有很多不同的解释。知识分子不是独立的阶级，而是脑力劳动者构成的社会阶层。一般地说，这个阶层的绝大部分人在一定的社会条件下是附属于当时的统治阶级并为其服务的。在奴隶社会为奴隶主服务，在封建社会为地主阶级服务，在资本主义社会为资产阶级服务。在剥削

---

[1]柴俊琳等：《建国初期党和政府对资本主义工商业的政策与思考》，《党史博采》（理论版），2006年。

阶级占统治地位时，知识分子多数是剥削阶级家庭出身的，出身于劳动人民的很少；只有剥削阶级才有条件求得知识，求得更高的知识。当时的大多数知识分子，常常容易接受并传播剥削阶级的旧观点和占统治地位的思想体系。"在奴隶社会、封建社会或资本主义社会，尽管也有朴素的唯物主义，但总是唯心主义占上风。在旧社会，也会有一小部分知识分子能预见到真理，敢于反抗当时反动阶级的黑暗统治和压迫，为新兴的进步的阶级说话，成为革命的知识分子。马克思、恩格斯、列宁生长在资本主义社会，他们都是知识分子，敢于反抗当时的统治阶级，投入到新的阶级队伍中来，为新的阶级说话。他们背叛了原来的阶级，投降了进步的阶级。"①

从1840年的鸦片战争到1910年的辛亥革命，中国有一部分进步知识分子传播新的思想、新的学说。这些知识分子同样也遭到反动统治阶级的迫害，遭受反动知识分子的歧视和压迫。在半殖民地半封建社会的中国，知识分子同帝国主义国家的知识分子相比，有很大的特殊性，他们大多数站在

---

①张明德等：《论周恩来在知识分子问题上的贡献》，《北京化工大学学报》（社会科学版），2001年。

民族立场上，反对外国殖民者和本国的卖国贼、民族叛徒以及帝国主义直接或间接豢养的走狗，成为革命的、爱国的知识分子。就连受外国欺压的民族资产阶级中的绝大多数人，也或先或后地站到了反帝爱国的立场上。所以毛泽东再三地说，我们要团结世界上90%以上的人来反对帝国主义。90%以上的人，具体地说，是指工人、农民、进步的知识分子、进步的民族资产阶级分子和进步的民主人士（有一些还是封建阶级出身的）。中国现代知识分子就属于这种特定范围的社会阶层。只有在社会主义制度下，劳动人民已经处在统治地位，知识分子才转变到为广大人民服务。一方面旧的知识分子得到了改造，一方面又培养出了新的知识分子，两者结成社会主义的知识界。现在还存在工人、农民、知识分子的差别，将来到共产主义社会，阶级和党派消灭了，脑力劳动者和体力劳动者的差别消灭了，工人、农民、知识分子的差别也就不存在了。

毛泽东这样谈道："我国人民内部的矛盾，在知识分子中间也表现出来了。过去为旧社会服务的几百万知识分子，现在转到为新社会服务，这里就存在着他们如何适应新社会需要和我们如何帮助他们适应新社会需要的问题。这也是人民内部的一个矛盾。我国知识分子的大多数，在过去七年中已经有了显著的进步。他们表示赞成社会主义制度。"这就明确地指出知识分子是人民的一部分，与知识分子的矛盾属于人民内部的矛盾。而且指出知识分子有两面性，一方面与旧社会有千丝万缕的联系；另一方面是脑力劳动者，可以为人民服务。知识分子可以通过改造自己的资产阶级世界观，树立无产阶级、共产主义的世界观，适应社会主义建设的需要，成为社会主义建设的力量。同时，毛泽东指出必须在知识分子和青年学生中间加强思想政治工作。"在一些人的眼中，好像什么政治，什么祖国的前途、人类的理想，都没有关心的必要。好像马克思主义行时了一阵，现在就不那么行时了。针对着这种情况，现在需要加强思想政治工作。不论是知识分子，还是青年学生，都应该努力学习。除了学习专业之外，在思想上要有所进步，政治上也要有所进步，这就需要学习马克思主义，学习时事政治。没有正确的政治观点，就等于没有灵魂。"最后，关于知识分子方面，毛泽东又提出了社会主义教育方针，应该让受教育者在德育、智育、体育几个方面得到发展，成为有觉悟的有文化的社会主义劳动者。

　　根据这样的方针和自我改造的任务，我国大多数知识分子已有了根本的转变和极大的进步。刘少奇在1956年党的八大一次会议上也说，"知识界已经改变了原来的面貌，组成了一支为社会主义服务的队伍"。毛泽东的《关于正确处理人民内部矛盾的问题》，是1957年2月27日在最高国务会议上讲的，到1957年6月才发表，那时已有右派进攻，但并不因此而改变原来的分析。他说："我国知识分子的大多数，在过去七年中已经有了显著的进步。他们表示赞成社会主义制度。他们中间有许多人正在用功学习马克思主义，有一部分人已经成为共产主义者。这部分人目前虽然还是少数，但是正在逐渐增多。当然，知识分子中间有一些人现在仍然怀疑或者不同意社会主义，这部分人只占少数。"毛泽东对知识分子的估计，是很清楚的。同样，体力劳动者与脑力劳动者之间的差别，也要经过长期的过程，在生产发展的基础上，通过互相学习，逐步接近，才能逐步消除的。这样看，我们同知识分子的联盟与同民族资产阶级的联盟是有根本区别的。

第五节 少数民族问题

一、我国少数民族的现状

中国是一个多民族国家，民族关系的好坏事关祖国的稳定与发展。"中国少数民族有三千多万人，虽然只占全国总人口的百分之六，但是居住地区广大，约占全国总面积的百分之五十至六十。"毛泽东用一句话概括了我国少数民族的人口特征和分布特点。我国56个民族，共同创造了中国历史悠久的民族文化。少数民族人口虽然占全国人口比例较低，但居住地广阔且分散，各民族分布的特点是：大杂居、小聚居、相互交错居住。从全国的情况来看，虽然汉族主要居住在内地和沿海各省市，少数民族主要居住在边疆各省、自治区，但居住情况不像区划那样整齐划一，而是交错杂居。一方面汉族居民遍布全国，另一方面各少数民族大都有自己的聚居区。在许多民族自治地方汉族与少数民族混居，汉族人口在这些地方占有不小的比重。这种人口和地理分布格局是长期历史发展过程中各民族间相互交往、流动而形成的。中国少数民族地区地域辽阔，资源丰富。资料显示，民族自治地方总面积达616.29万平方公里，占全国总面积的64.2%；草原面积30000万公顷，占全国草原面积的75%，中国著名的五大天然牧区，都在少数民族地区；森林面积5648万公顷，占全国的43.9%；林木蓄积量52.49亿立方米，占全国的55.9%；水力资源蕴藏量4.46亿千瓦，占全国总量的65.9%。此外，还有大量的矿藏资源，以及丰富的动植物资源和旅游资源。不同的民族拥有不同的民族文化、民族习惯和宗教信仰。在55个少数民族中，各民族都有自己的语言，不少民族还有自己的文字。各民族在衣、食、住、行、婚丧、嫁娶、节庆、禁忌等方面有着独特的风俗习惯，大都有自己民族的节日。

二、民族问题的定义和原因

所谓民族问题，指的是在民族关系上民族与民族之间的矛盾问题。在民族聚居的地方，由于各民族之间差异和民族之间的资源、利益问题，容易导致矛盾的产生，从而产生民族问题。民族问题是社会发展总问题的一部分。社会在发展变化，民族问题也随之变化。在不同的历史时期和社会条件下，民族问题具有不同的内容和性质。在阶级社会里，不论是国际范围还是多民族国家，民族问题主要是民族压迫、民族歧视、民族不平等的问题。要解决这种历史条件下的民族问题，必须推翻阶级压迫制度。

而在三大改造完成后，民族生活的社会环境发生了根本性的变化，已消灭了阶级剥削，铲除了产生民族压迫的阶级根源。在社会主义条件下，民族问题则主要是由于历史遗留下来的各民族经济、文化发展水平上的差距，造成的各民族在享受法律所赋予的民族平等权利时，存在着事实上的不平等。这种事实上的不平等，是社会主义制度建立之后的一个较长时期内，仍然存在民族摩擦的主要原因。在这样的社会环境中，各民族之间的矛盾成为非对抗性的矛盾，属于人民内部矛盾的范畴。对于当今社会出现的藏独问题和新疆问题，是极少数民众出于狭隘的民族主义和外国敌对势力的煽动下产生的。

我国自社会主义三大改造之后即进入社会主义初级阶段。社会主义社会是各民族发展的繁荣时期，而不是民族消亡时期。民族存在的长期性，决定了民族问题存在的长期性。"首先，各民族政治上的平等实现后，在经济、文化发展上的差别依然存在。其次，在社会主义阶段，各民族的根本利益是一致的，但在某些具体权益，主要是经济权益方面，民族之间仍会发生一些矛盾和纠纷。第三，在风俗习惯和语言文字等方面，由于相互了解或尊重不够，也容易造成某些误会和纠纷。第四，民族问题在一些地方往往和宗教问题交织在一起，如果对宗教问题处理不慎或不当，也会影响民族关系甚至酿成冲突。第五，由于种种原因，有些人有时会做出伤害民族感情、损害民族团结的事情，甚至违法犯罪。第六，国际上敌对势力支持、纵容我国国内极少数民族分裂分子，进行分裂和破坏的活动还会长期存在下去。所有这些都表明我国社会主义时期的民族问题将会长期存在。"[1]

三、民族问题的表现

首先，大汉族主义。它是一种主张一切事务以汉族利益为优先，认为汉族地位高于其他少数民族的民族主义。大汉族主义是一种大民族主义，在中国主要表现为歧视、压迫、剥削汉族以外的民族；限制、剥夺其他民族在政治、经济、文化各方面的权利；强行改变少数民族的风俗、语言、服饰等；武装镇

---

[1]戴小明：《中国民族区域自治的宪政分析》，《华中师范大学学报》，2006年。

压其他民族的反抗。中华人民共和国宪法在序言中明确规定："在维护民族团结的斗争中，要反对大民族主义，主要是大汉族主义，也要反对地方民族主义。"

其次，地方民族主义。民族主义的一种表现，相对大民族主义而言。在多民族国家的少数民族中，对待统一的国家和民族大家庭内其他民族的关系上表现出来的一种民族主义思想观点，它是剥削阶级思想在民族关系问题上的反映。这种思想在对待本地方内的比本民族小的其他少数民族的关系上则又往往表现为大民族主义。在统一的多民族国家中，当民族压迫制度被废除，各民族内部的剥削阶级作为阶级已经消灭，社会主义制度在各民族中确立以后，地方民族主义已丧失其阶级基础。但是它的思想残余或思想影响将长期存在。其主要表现是：忽视各民族团结在祖国大家庭中的重要性，力图在本民族的狭隘范围内闭关自守，各自为政；不适当地强调本民族的局部利益，忽视国家的整体利益；过分夸大本民族的特点，或以此为借口，对于适用于本民族地区的中央的统一方针政策，不去积极贯彻执行；故步自封，忽视大民族和其他兄弟民族帮助的意义，对有利于各民族互相亲近的东西，不是采取欢迎态度，而是强调人们的民族划分，力图使民族差别巩固下来。

一般说来，地方民族主义和大汉族主义一样，属于人民内部矛盾问题，我们要采用处理人民内部矛盾的原则和方法处理。防止和克服大汉族思想和地方民族主义思想的残余或影响，以巩固国家统一和民族团结，齐心合力建设社会主义。

四、正确处理少数民族问题的启示

党的民族理论政策是马克思主义与中国实际相结合的智慧结晶。以毛泽东为核心的党的第一代领导集体，确立了以民族平等、民族团结、民族区域自治、各民族共同繁荣为核心的民族政策框架。在处理民族问题上，要充分考虑少数民族意愿，尊重少数民族的选择，毛泽东在《正确处理人民内部矛盾的问题》中对藏族问题的处理上，指出"西藏由于条件还不成熟，还没有进行民主改革。按照中央和西藏地方政府的十七条协议，社会制度的改革必须实行，但是何时实行，要待西藏大多数人民群众和领袖人物认为可行的时候，才能作出决定，不能性急"。

党的历代领导人都很重视民族问题，坚持着毛泽东关于正确处理民族问题的一系列正确的方针和政策，致力于改善各民族的生活状况，维护各民族的团结。以邓小平为核心的党的第二代领导集体，重申了马克思主义的指导地位和党的民族政策，把民族工作的重心转到为经济建设服务上来。以江泽民为核心的党的第三代领导集体，强调加快发展是解决我国民族问题的核心，作出了西部大开发等重大决策。以胡锦涛为总书记的党中央，明确提出"两个共同"的民族工作主题，强调以科学发展观指导民族工作。这些理论政策，指明了我国在革命、建设和改革不同历史时期民族工作的方向，不断开创我国民族团结进步事业的新局面，我们要毫不动摇地坚持下去。

第六节　统筹兼顾、适当安排

在处理经济工作和利益分配问题上，毛泽东提出"统筹兼顾、适当安排"这一方针，短短700字的阐述，句句掷地有声，渗透着毛泽东深邃的洞察力和高瞻远瞩的战略眼光，体现了正确解决社会主义社会人民内部矛盾的科学精神，这一方针，也是正确解决人民内部矛盾的科学方法。

一、统筹兼顾、适当安排的内涵

统筹兼顾，字面意思为统一筹划，全面照顾，就是要总揽全局、科学筹划、协调发展、兼顾各方。所谓"适当安排"，就是根据当时当地的实际可能条件，同各方面的人协商，作出各种适当的安排，包括由社会团体想办法，由人民群众直接想办法。

首先，着眼客观存在是"统筹兼顾、适当安排"方针的出发点。在《正确处理人民内部矛盾的问题》第七部分中，毛泽东开宗明义地指出："这里所说的统筹兼顾，是指对于六亿人口的统筹兼顾。我们做计划、办事、想问题，都要从我国有六亿人口这一点出发，千万不要忘记这一点。"他还说："真正承认我国有六亿人口，承认这是一个客观存在，这是我们的本钱。"在上述主张中，毛泽东指出的中国的"客观存在"，也就是中国的基本国情，即中国是一个人口众多的国家，加上地区、观念、文化、经济的差异，必然就会使得人民内部矛盾数量多且复杂。毛泽东指出了统筹兼顾的对象必须是全国人民，这实际上是对当时一些只为少数人着想的"小圈子主义的人们"的告诫。对于六亿人口的统筹兼顾就是要统筹全国人民的利益，也就是要从最广大人民群众的利益出发，正视人民群众中存在着不同阶层、不同利益关系。①此外，还必须统筹经济和其他社会事业的发展。

其次，适当安排是毛泽东的统筹兼顾思想付诸实践的途径和方法。适当安排也就是要根据实际，因地制宜，具体情况具体分析。毛泽东强调指出：党的领导干部"决不可以嫌人多，嫌人落后，嫌事情麻烦难办，推出门外了事"。"无论粮食问题，灾荒问题，就业问题，教育问题，知识分子问题，各种爱国力量的统一战线问题，少数民族问题，以及其他各项问题，都要从对全体人民的统筹兼顾这个观点出发，就当时当地的实际可能条件，同各方面的人协商，作出各种适当安排。"毛泽东的上述主张，实际上是针对党的八大后出现的新矛盾新问题，调整了党的八大前"统筹兼顾"方针的内涵，改变了以前党和政府侧重于经济建设中的利益关系协调，而忽视正确处理人民内部矛盾的倾向。调整后的"统筹兼顾"方针的内涵，更注重从全面协调、全面平衡上"适当安排"，以缓解当时的各种矛盾，达到团结一切可能团结

①汪娜：《改革开放以来中国共产党发展观的演进研究》，《兰州大学学报》，2009年。

的人，尽可能将消极因素转变为积极因素的目的。

最后，调动一切积极因素，为建设社会主义社会服务是统筹兼顾的目的。毛泽东说，"统筹兼顾，适当安排"是一个什么方针呢？这个方针就是调动一切积极力量，为了建设社会主义。这个方针，从时间上看，是必须长期坚持的方针。过去搞革命，"我们就实行了调动一切的方针"，今天搞建设，"同样也实行这个方针"。从空间上看，积极因素有着空前的广泛性，包括党内党外、国内国外一切积极因素，直接的间接的积极因素。不仅要调动中央和地方的积极性，还要调动基层的积极性。要充分调动各民族、特别是少数民族的积极性，还要尽可能把各民主党派和无党派人士的积极性调动起来。不仅在经济领域里调动一切积极因素，还包括社会其他领域。调动一切积极因素的目的正如毛泽东在《关于正确处理人民内部矛盾的问题》第七部分中所言："我希望这些人（即抱有小圈子主义思想的人）扩大眼界，真正承认我国有六亿人口，承认这是一个客观存在，这是我们的本钱。""调动一切积极因素，团结一切可能团结的人，并且尽可能地将消极因素转变为积极因素，为建设社会主义社会这个伟大的事业服务。"

二、统筹兼顾、适当安排的当代价值

毛泽东提出的"统筹兼顾、适当安排"的方针，体现了解决社会主义社会人民内部矛盾的科学精神和方法论，为正确处理新时期人民内部矛盾，构建社会主义和谐社会，提供了现实指导。在当前新的形势下，必须从实际出发，正确认识人民内部矛盾的新变化，依靠群众，相信群众，积极探寻正确处理人民内部矛盾的新途径，解决各种矛盾，促进社会和谐。在全面建成小康社会和实现现代化的过程中，如何统筹兼顾、协调好各方面利益关系，是我们党在新的历史条件下要长期坚持的战略方针，是关系到加强我们党的执政能力建设、提高领导水平的重大政策问题。

科学发展观关于"五个统筹"的要求，就是在新形势下对于"统筹兼顾、适当安排"战略方针的继承和创新，为我们正确认识和妥善处理中国特色社会主义事业中的重大关系提供指导。党的十六届六中全会通过了《中共中央关于构建社会主义和谐社会的决定》（简称《决定》），其主题为以科学发展观统领全局，更加积极主动地正视问题、化解矛盾，抓住机遇、应对挑战，努力构建社会主义和谐社会。

《决定》鲜明地体现了以胡锦涛为总书记的党中央以民为本的执政理念、继往开来的坚定决心、居安思危的忧患意识和求真务实的负责精神。坚持科学发展观的根本方法和要求是做到统筹兼顾。《决定》中提出了"五个统筹",即按照统筹城乡发展、统筹区域发展、统筹经济社会发展、统筹人与自然和谐发展、统筹国内发展和对外开放的要求,更大程度地发挥市场在资源配置中的基础性作用,增强企业活力和竞争力,健全国家宏观调控,完善政府社会管理和公共服务职能,为全面建设小康社会提供有力的体制保障。十七大增添了"五个统筹"的内容,提出要统筹中央和地方关系,统筹个人利益和集体利益、局部利益和整体利益、当前利益和长远利益,充分调动各方面积极性。统筹国内国际两个大局,树立世界眼光,加强战略思维,善于从国际形势发展变化中把握发展机遇、应对风险挑战,营造良好国际环境。既要总揽全局、统筹规划,又要抓住牵动全局的主要工作、事关群众利益的突出问题,着力推进、重点突破。

"统筹兼顾、适当安排"是构建和谐社会的战略方针,我们必须要毫不动摇地贯彻落实,做到兴利除弊,扬长补短。我们党执政以来包括改革开放三十多年以来的成功和失误、经验和教训都说明，在各种决策和各项工作中，是不是真正做到"统筹兼顾、适当安排"，对于能不能正确处理人民内部矛盾，促进社会和谐，关系极大。以"城乡差别"的矛盾为例，我国农村人口占全国总人口的70％以上。可是，这些年医疗卫生资源80％集中在城市；教育投资77％在城市；文化事业费73％在城市；全社会固定资产投资83％在城市；农业银行的贷款"跑冒漏滴"，真正用于农村的比例，从80年代的98％，下降到近几年只有10％左右；中央下拨的"三农"资金和救灾救济资金，也经常发生"雁过拔毛"甚至"拔肉"的问题……从全国总体上来说，农村比城市落后15年左右，市民与农民的实际收入差距高达6倍左右。在北京、天津两个大城市的周围，河北省也存在大面积的"环京津贫困带"，其中包括32个贫困县、3798个贫困村，贫困人口达到272万多人。这些违背"统筹兼顾、适当安排"方针，顾此失彼、畸形发展的问题，正是"城乡差别"矛盾扩大的重要原因。对此，我们必须引以为戒，改善城乡之间不协调的状况。

第七节　关于百花齐放、百家争鸣、
长期共存、互相监督

毛泽东提出，对待科学文化要坚持"双百方针"，即"百花齐放、百家争鸣"，具体指艺术上不同的形式和风格可以自由发展，科学上的不同学派可以自由争论。

一、"双百"方针提出的社会历史背景

一方面，我国生产资料的社会主义改造取得了决定性胜利，党和国家面临的迫切任务，是要调动一切积极因素建设社会主义，迅速发展我国的经济、科学和文化事业。但是，另一方面，在科学文化领域内受到苏联教条主义的影响，存在着某些"左"的思想影响，在学术、文化和艺术问题上乱贴"标签"、扣帽子的情况时有发生。例如，建国初期，在遗传学领域，独尊李森科为社会主义学派，指责摩尔根为资本主义学派，造成了无形中抬高一个学派，压制另一个学派的现象。这与党和国家面临的形势与任务是不相适应的。

针对这种情况，中央政治局扩大会议在讨论十大关系的

过程中，提出要把政治思想问题同学术、艺术和技术性质的问题区分开来；为了发展文化和科学，要贯彻毛泽东过去吸收党内意见分别提过的"百花齐放、百家争鸣"的口号。此外，"双百"方针的提出，吸取了我国历史上学术、文化发展的经验，总结了我们党领导科学文化工作的经验和教训，也借鉴了其他国家领导科学文化工作的经验和教训。毛泽东在原文中将正确的思想和错误的思想分别比喻为香花和毒草，并引用人们熟知的哥白尼的日心说、达尔文的进化论逐渐被世人接受的过程来说明，我们要创造一个包容、开放的自由环境，来促进新生事物的成长。原文如下：

"历史上新的正确的东西，在开始的时候常常得不到多数人承认，只能在斗争中曲折地发展。正确的东西，好的东西，人们一开始常常不承认它们是香花，反而把它们看作毒草。哥白尼关于太阳系的学说，达尔文的进化论，都曾经被看作是错误的东西，都曾经经历艰苦的斗争。我国历史上也有许多这样的事例。同旧社会比较起来，在社会主义社会中，新生事物的成长条件和过去根本不同了，好得多了。但是压抑新生力量，压抑合理的意见，仍然是常有的事。"

二、"双百"方针的重要性

"百花齐放、百家争鸣"是一个符合社会主义科学文化发展客观规律的方针，它同党在科学文化领域的其他重要方针一起，是我国社会主义的科学文化事业繁荣进步的根本保证。它就是要把一切积极因素都调动起来，为人民服务，为社会主义建设服务。他明确宣布，这是一个基本的、长期的方针，不是一个暂时性的方针。"双百"方针的提出，反映了繁荣文化艺术、发展科学技术的时代要求，反映了当时我国政治稳定、经济发展、人民团结、社会进步的国家形象，反映了党中央和毛泽东的一种信心。它一经提出，立即在知识界引起强烈反响，使学术文化事业出现了生气勃勃的发展景象。

实行"双百"方针，不仅能够促进科学思想的正确性和文化的繁荣，而且可以发展马克思主义，加强马克思主义的领导地位。

一方面，在艺术和科学的发展过程中，为了判断正确的东西和错误的东西，常常需要有考验的时间。毛泽东结合现实情况指出，即使在社会主义社会中，由于鉴别不清，也常有压抑新生力量、压抑合理意见的事情发生。因此，"对于科学上、艺术上的是非，应当保持慎重的态度，提倡自由讨论，不要轻率作结论。我们认为，采取这种态度可以帮助科学和艺术得到比较顺利的发展"。

另一方面，毛泽东在关于"双百"方针的多次讲话中，都特别强调马克思主义是在斗争中产生和发展起来的。1957年3月17日，毛泽东在天津党员干部会议上讲话，从扩大《参考消息》发行范围问题，讲到党内党外都应该同那些反马克思主义的东西见面，以便同它作斗争，使自己发展起来。他说：譬如我们中国办事情，如果我们不发展马克思主义，那么事情就办不好。把马克思主义的原理原则拿到中国来实行的时候，就要带有中国的色彩，就要按照具体情况解决具体问题。"马克思主义要跟非马克思主义作斗争才能发展起来；百花齐放、百家争鸣之所以需要，就是这个道理。"毛泽东对有的人提出马克思主义能不能批评的问题作了明确的回答。他说："马克思主义者不应该害怕任何人批评。相反，马克思主义者就是要在人们的批评中间，就是要在斗争的风雨中间，锻炼自己，发展自己，扩大自己的阵地。"因此，"实行百花齐放、百家争鸣的方针，并不会削弱马克思主义在思想界的领导地位，相反地正是会加强它的这种地位。"毛泽东认为，辩证法的核心——对立面的统一和斗争是一切事物发展的根本规律，也是马克思主义发展的根本规律。他说："真的、善的、美的东西总是在同假的、恶的、丑的东西相比较而存在，相斗争而发展的。当某一种错误的东西被人类普遍地抛弃，某一种真理被人类普遍地接受的时候，更加新的真理又在同新的错误意见作斗争，这种斗争永远不会完结。这是真理发展的规律，当然也是马克思主义发展的规律。"他在《关于正确处理人民内部矛盾的问题》讲话中指出："马克思主义在开始的时候受过种种打击，被认为是毒草。现在它在世界上的许多地方还在继续受打击，还被认为是毒草。在社会主义国家里，马克思主义的地位不同了。但是就是在社会主义国家里，还是有非马克思主义的思想存在，也有反马克思主义的思想存在。"他分析了我国阶级斗争的形势后指出：在意识形态方面，社会主义和资本主义之间谁胜谁负的问题还没有真正解决。因此"马克思主义仍然必须在斗争中发展。马克思主义必须在斗争中才能发展，不但过去是这样，现在是这样，将来也必然还是这样"。

三、"双百方针"指导下实现马克思主义发展的途径

在毛泽东看来,发展马克思主义不是自然而然就会实现的,实行"双百"方针更不是对各种不同的思想任其自由发展,而是必须遵循一定的正确的原则和政策。

首先,他强调在思想文化界马克思主义必须力争占统治地位。毛泽东明确指出:"统一物的两个互相对立互相斗争的侧面,总有个主,有个次。在我们无产阶级专政的国家里,当然不能让毒草到处泛滥。无论在党内,还是在思想界、文艺界,主要的和占统治地位的,必须力争是香花,是马克思主义。毒草,非马克思主义和反马克思主义的东西,只能处于被统治的地位。""从这样的观点看来,百花齐放、百家争鸣,就是有益无害的了。"马克思曾经说过:"统治阶级的思想在每一时代都是占统治地位的思想。"我们是工人阶级(通过共产党)领导的国家,须确立马克思主义在思想文化界的统治地位。毛泽东采用"双百"方针来实现这一目的,是他对马克思观点的创造性运用和发展。

其次,为了帮助人们在自由讨论中发展马克思主义,毛

泽东提出了在政治生活中判断人们的言论和行为的是非、辨别香花和毒草的六条标准："有利于团结全国各族人民，而不是分裂人民；有利于社会主义改造和社会主义建设，而不是不利于社会主义改造和社会主义建设；有利于巩固人民民主专政，而不是破坏或者削弱这个专政；有利于巩固民主集中制，而不是破坏或者削弱这个制度；有利于巩固共产党的领导，而不是摆脱或者削弱这种领导；有利于社会主义的国际团结和全世界爱好和平人民的国际团结，而不是有损于这些团结。"其中最重要的是坚持社会主义道路和党的领导这两条。百花齐放、百家争鸣这两个口号，就字面看是没有阶级性的，无产阶级可以利用它们，资产阶级也可以利用它们，其他的人们也可以利用它们。所谓香花和毒草，各个阶级、阶层和社会集团也各有自己的看法。因而"双百"方针是有阶级性的，是无产阶级、马克思主义的方针。这是我们党和国家的性质决定的。凡是违反这六条标准的错误思想，凡是毒草，都应该进行批判，决不能让它们自由泛滥。这就是毛泽东说的，有比较才能鉴别，有鉴别，有斗争，才能发展。

再次，他阐述了对非马克思主义的思想应采取的方针。他首先指出：对于错误的思想，比如对于辩证唯物主义的对立面唯心主义，文艺作品中反映资产阶级、小资产阶级倾向的东西，应该给予批评，不批评是不对的。同时他又强调对待人民内部的思想问题，对待精神世界的问题，用简单的方法去处理，非常有害。因为，一方面，不让发表错误意见，结果错误意见还是存在着。另一方面，正确的意见如果是在温室里培养出来的，没有见过风雨，没有免疫力，遇到错误意见就不能打胜仗。因此，"只有采取讨论的方法，批评的方法，说理的方法，才能真正发展正确的意见，克服错误的意见，才能真正解决问题"。

毛泽东关于通过实行"双百"方针来发展马克思主义的论述和具体政策，是对辩证法的核心——对立统一学说进行解释和发挥的一个范例，是基于我国基本矛盾和人民内部矛盾的准确把握。认真领会和掌握其精神实质，不仅有利于团结我国广大的知识分子，调动起积极性，为社会建设服务，同时对于我们今天坚持和发展马克思主义，保持和加强马克思主义在意识形态领域的领导地位，具有重大意义。它必将对我国发展社会主义先进文化，促进科学文化的繁荣发展，解决人民内部矛盾，尤其是精神世界的矛盾有深远的影响。我们应该在新时期继承和发展毛泽东这个正确的策略方针。

四、长期共存、互相监督是处理党同民主党派之间关系的方针

"长期共存、互相监督"方针及中国共产党人对这一方针的理论阐述，是对马克思主义政党及政党合作理论思想的创造性发展，其理论价值在于：确立了中国共产党在社会主义整个历史阶段与民主党派长期合作的战略思想；提出了中国共产党与民主党派互相监督的重要思想；突破了苏联一党制的政党制度模式，在社会主义政党制度上作出了符合中国国情的选择，为中国共产党与民主党派的长期合作和实行中国共产党领导的多党合作和政治协商制度奠定了坚实的理论基础。中国共产党人在继承马克思列宁主义关于政党合作思想的基础上，根据中国的特殊国情，创造性地发展了这些思想，确立了在人民民主专政条件下、在社会主义整个历史阶段与民主党派长期共存的战略思想。

"'长期共存、互相监督'这个口号，也是我国具体的历史条件的产物。这个口号并不是突然提出来的，它已经经过了好几年的酝酿。"1956年4月间，中共中央在讨论"十大关系"的过程中，确定把"长期共存，互相监督"作为共产党和

民主党派长期合作的方针。4月25日，毛泽东在中共中央政治局会议上发表了《论十大关系》的重要讲话，重申了"长期共存，互相监督"的方针。他说："究竟是一个党好，还是几个党？现在看来，恐怕是几个党好。不但过去如此，而且将来也可以如此，就是长期共存，互相监督。"此后，周恩来也指出，共产党和民主党派要长期存在下去，"要共存到将来社会发展不需要政党的时候为止，共产党同民主党派虽不是同年同月同日生，但可以同年同月同日死"。随后，毛泽东在中共第八次全国代表大会的开幕词中，以及刘少奇在向大会所作的政治报告中，正式确定了这一根本方针，号召全体共产党员应当根据党的这个根本方针来处理与各民主党派和民主人士之间的关系，共同为建设社会主义而奋斗。这个方针的明确提出，再一次地向全国人民宣告：为了革命事业不断前进，中国共产党同各民主党派和民主人士长期实行民主合作、竭诚共事，是中国共产党一条坚定不移的原则。在《正确处理人民内部矛盾的问题》中，毛泽东又重新强调了这一方针。

　　毛泽东在原文中这样阐述道："为什么要让资产阶级和小资产阶级的民主党派同工人阶级政党长期共存呢？这是因为凡属一切确实致力于团结人民从事社会主义事业的、得到人民信任的党派，我们没有理由不对它们采取长期共存的方针。""只要谁肯真正为人民效力，在人民还有困难的时期内确实帮了忙，做了好事，并且是一贯地做下去，并不半途而废，那么，人民和人民的政府是没有理由不要他的，是没有理由不给他以生活的机会和效力的机会的。"在这段话中，毛泽东指出了各党派可以长期共存的政治基础。"首先，从民主党派的历史贡献和现实作用出发。在新民主主义革命时期，民主党派与中国共产党风雨同舟，为争取新民主主义革命的胜利和建立新中国做出了重要贡献。在新中国建立后和社会主义时期，民主党派发挥了并将继续发挥'参、代、监、改'作用，即参加国家事务的管理和社会主义建设事业，代表和反映他们所联系的阶级或阶层的利益和要求，对共产党和国家机关的工作进行民主监督，推动和帮助它们所联系的人们进行自我教育和思想改造。"[1]正是由于民主党派在历史上做出过重要贡献，在现实条件下有着重要的功能和特殊的作用，民主党派的存在，对共产党和社会主义事业都有利，因此没有理由不和它长期共存下去。

---

[1]陈娟：《毛泽东的新民主主义社会理论研究》，《东北师范大学学报》，2007年。

此外，从人民民主专政国家政权的本质要求和内在规定性出发，决定了多党共存与合作的长期性。我国在建国之初建立的国家政权，是根据毛泽东人民民主专政理论建立起来的统一战线性质的国家政权。"中国人民民主专政是中国工人阶级、农民阶级、小资产阶级、民族资产阶级以及其他爱国民主分子的人民民主统一战线的政权，它以工农联盟为基础，以工人阶级为领导。"人民民主专政在阶级结构上实行最广泛的联盟，这是在人民民主专政条件下实行多党合作的基本依据。进入社会主义社会后，人民民主专政的阶级结构发生了根本变化，但人民民主专政的联盟性质并没有发生改变。在工人阶级领导下，在工农联盟基础上，还必须广泛团结属于人民范畴的一切社会主义劳动者和拥护社会主义的爱国者，为社会主义建设事业而共同奋斗。"长期的多党合作，是我国人民民主专政的特点之一。"

五、创造性地提出了中国共产党与民主党派的互相监督

"长期共存、互相监督"方针的理论价值还在于，提出了中国共产党与各民主党派实行互相监督的重要思想，而互相监

督的重点是民主党派对共产党的监督，这对于加强和改善执政党的领导、优化我国政治制度和政党制度的功能，意义重大而深远。在国际共产主义运动中，由于历史和实践的局限，马克思主义经典作家没有涉及关于政党间的党际监督问题。在苏联等实行一党制的社会主义国家，由于一元化政党体制的结构性缺陷，执政党缺乏来自其他政党的监督，导致了种种弊端。以毛泽东为代表的中共第一代领导集体正是在深入思考和认真总结苏联实行一党制的经验教训后，提出了党际监督的思想。

中国共产党人关于政党互相监督的创造性思维主要体现在以下方面：

首先，理性地认识到共产党执政也会犯错误，需要通过监督来解决。在社会主义国家，共产党作为执政党，主导着社会政治生活，控制着巨大的政治资源，这种绝对的权力如果没有外部力量制约，就容易犯错误。周恩来指出："我们一旦取得了全国政权，就带来一个危险……解决，最好的办法是有人监督。"邓小平指出："在中国来说，谁有资格犯大错误？就是中国共产党。犯了错误影响也大，如果我们不受监督，不注意扩大党和国家的民主生活，就一定要脱离群众，犯大错误。"因此，党内监督、人民群众的监督和民主党派的监督都是必不可少的。其次，提出实行多党共存与合作的重要目的就是要实行互相监督。从对苏联一党制政党制度的制度性缺陷的认识出发，通过实行多党共存和合作来强化党际监督，强化对执政的共产党的监督，这是以毛泽东为代表的中央第一代领导集体设计我国社会主义政党制度的初衷，也是在社会主义条件下继续实行多党合作的主要目的。毛泽东指出：打倒一切，把其他党派搞得光光的，只剩下共产党的办法，使同志们很少听到不同意见，弄得大家无所顾忌，这样很不好。我们有意识保留民主党派，就是要听不同意见。再次，指出了民主党派监督的政治价值。毛泽东指出："为什么要让民主党派监督共产党呢？这是因为一个党同一个人一样，耳边很需要听到不同的声音。"邓小平指出："这些党外的民主人士，能够对于我们党提供一种单靠党员所不容易提供的监督，能够发现我们工作中的一些我们所没有发现的错误和缺点，能够对于我们的工作作出有益的帮助。由于民主党派与共产党在性质、特点和社会基础等方面的差异，民主党派具有自身独特的视角，所提的意见是单靠共产党的党员难以提供的，只要他所提的建议是符合前文的"六条政治标准"，能够有利于促进我国社会建设事业的发展，我们的党就要采纳建议，及时地发现和纠正党在领导工作中的偏差和失误，完善各项政策。

1982年，中国共产党第十二次全国代表大会明确提出"长期共存、互相监督、肝胆相照、荣辱与共"的方针。这个方针是"长期共存，互相监督"方针的继续和发展，是正确处理中国共产党同民主党派的关系以及统一战线内部关系的基本方针。这个方针体现了中国共产党同民主党派长期共存和建设高度社会主义民主的思想，体现了中国共产党同各民主党派之间真诚合作的关系。对此后我国建立和完善中国共产党领导的多党合作和政治协商制度意义重大。

第八节 关于少数人闹事的问题

1956年，在个别地方出现了少数的工人罢工、学生罢课、合作社社员闹社的事件。究其原因，其一，人民的一些物质方面的需求得不到满足；其二，发生闹事的最重要的因素是领导上的官僚主义；其三，对群众缺乏一定的思想政治教育，造成群众往往只注意眼前的、局部的、个人的利益，而忽视了长远的、整体的、集体利益。针对少数人闹事，我们要坚持用"团结—批评—团结"的方法去解决，同时，必须从根本上克服官僚主义，加强思想政治教育；利用闹事作为改善工作、教育干部和群众的一种特殊手段，解决平日没有解决的问题，使坏事变成好事；同时对那些触犯刑法的分子和现行的反革命分子，应当给予必要的法律制裁。毛泽东关于少数人闹事问题的论述和分析对于当代社会具有重要的意义。

随着我国经济的发展和社会的进步，社会利益格局深刻调整，不可避免地产生了大量的利益摩擦和冲突，加之许多体制机制不完善、不配套等问题，这就产生了众多社会矛盾和冲突，这是群体性事件产生的客观原因。另外一方面，官僚主义和作风腐败是催生群体性事件的主观原因。群体性事件实际上是群众诉求的一种表达，群众的诉求多数为合理诉求，为什么合理诉求要等事情闹大了、影响扩大了才能解决呢？这是官僚主义在作祟，官僚主义对群众的合理诉求置之不理，将群众的利益搁置一边，对群众敷衍搪塞。这就堵塞了群众的维权渠道，压制了群众的合理诉求。"群体性事件表明新时期人民内部矛盾对抗性增加。群体性事件对社会危害相当大，主要表现在以下方面：一是破坏政治稳定，二是损害党和政府的形象，三是破坏改革发展稳定的大局，四是为国内外敌对势力'西化'、'分化'我国制造了借口。人民内部矛盾还涉及政治、文化等领域。总之，我国人民内部矛盾比以前更为复杂。"[①]

目前，人民内部矛盾有两个焦点：第一个焦点，就是经济领域的人民内部矛盾，有人甚至说，"我国当前的所有人民内部矛盾，都可以从贫富差距中找到原因"。贫富差距既是人民内部矛盾的总根源，又是新时期人民内部矛盾的突出表现。在社会主义市场经济的今天，人与人之间由于天赋、能力和所生长的地理环境不同，人们之间的收入差距是正常的、不可避免的。况且平均主义吃大锅饭的分配方式是没有活力的。然而问题是，据资料调查统计，我国的收入差距很大且有逐渐扩大的趋势，很可能影响社会的稳定和继续发展。"北京、上海、广东三个省市样本中20%的高收入家庭的收入占总收入比重分别为44.2%，50.7%，54.3%。而20%的低收入家庭的收入在总收入中只占不到2%。高收入家庭的收入总和是低收入家庭收入总和的几十倍，如上海高收入家庭的平均收入是低收入家庭平均收入的42倍。北京的基尼系数是0.41，上海是0.53，广东是0.52。"（注：基尼系数通常是用来衡量一个国家的贫富差距，基尼系数超过0.5，表示收入差距十分大，极端不合

---

①蒋亚林：《正确处理人民内部矛盾理论对思想政治教育的指导作用》，《四川师范大学学报》，2010年。

理。）历史经验表明，凡是比较稳定的时期，都是收入差距相对较小的时期。凡是动荡不安的时期，都同收入差距扩大、两极分化密切相关。如果收入差距过大，人们会普遍产生"相对剥夺感"和仇富心理，人民内部矛盾容易激化。正如亚当·斯密在《道德情操论》中说："如果一个社会的经济发展成果不能真正分流到大众手里，那么它在道义上将是不得人心的，而且是有风险的。因为它注定要威胁社会稳定。"

另一个焦点，便是腐败现象的发展和蔓延。腐败现象的发展与蔓延产生了严重后果：一方面严重阻碍了社会主义现代化建设的步伐，另外一方面，毒害了社会风气，污染了人们的灵魂。虽然我们党和政府惩治腐败的态度是坚决的，立场是鲜明的，措施是有力的，而且惩治腐败的力度在逐年加大，取得的反腐成果有目共睹，赢得了群众的衷心拥护。但是腐败并没有得到有效遏制，而且有愈演愈烈之势，主要表现为因腐败犯罪的人数越来越多，职务越来越高，金额越来越大，这些问题引起了群众的严重不满。温家宝在十一届人大三次会议答记者问时这样说道："收入差距过大、腐败、通货膨胀，如果这三个问题处理不好，将危及政权的巩固。"总之，我国的人民内部矛盾虽是根本利益一致基础上的矛盾，但现在比以前的对抗性增加了，要引起高度的重视。

第九节　坏事能否变成好事

　　毛泽东阐明了矛盾转化的辩证方法，指出矛盾着的对立的双方互相斗争的结果，无不是在一定的条件下相互转化，坏的东西可以转换成好的东西，当然好的东西也可以转换成坏的结果。要学会全面地看待事物。

　　毛泽东用该理论辩证分析了当时的形势，乐观地指出，我们在看待问题的时候要坚持全面地看问题，积极创造条件促进坏事向好事的转变。如群众闹事事件，它本身其实是坏事，但是却可以作为教训，来让执政党改变官僚主义作风，加强执政能力；对于匈牙利事件，虽然由于暴动给当地人民带去了惨重的灾难，但其有利的一面是通过对匈牙利事件的处理，使当时社会主义阵营更加稳固；对于1956年下半年发生的反共反人民的世界性风潮，当然对于我们社会主义国家是坏事，但是却教育和锻炼了无产阶级，净化了党员队伍。通过对过去事件的辩证分析，毛泽东指出我们要全面地评价我国当今局势，看到事物积极的、发展的一面。比如，对某些鼓吹第三次世界大战的论调，我们不仅可以看到战争给人带来的伤害，同时它将会带动社会主义运动的发展；对我国当今较弱的国际地位，要用发展的眼光看问题，只要我们团结奋斗，创造有利条件提升我国的综合国力，我们会实现穷国到富国、无权国家到有权国家的改变。毛泽东吸取马克思主义和中国传统的辩证思想，为我们分析当时社会形势提供了一个积极的视角，增强了国人坚定社会主义、团结奋斗的信念。

坏事和好事之间的互相转化蕴含着矛盾斗争性和同一性的辩证关系原理。唯物辩证法认为，世界上的一切事物都包含着两个方面，这两个方面既相互对立，又相互统一。矛盾即对立统一。对立是指矛盾双方相互排斥、相互分离的属性；统一是指矛盾双方相互吸引、相互联结的属性，矛盾双方相互依存，并在一定条件下相互转化。矛盾双方的对立和统一是始终不可分割的。矛盾具有斗争性和同一性两种基本属性。矛盾的观点要求我们必须用一分为二的观点、全面的观点看问题，坚持两点论、两分法。既要看到矛盾双方的对立关系，又要看到矛盾双方的统一的关系；既要在对立中把握统一，又要在统一中把握对立；既要看到矛盾的这一方，又要看到矛盾的另一方；同时要积极创造条件，促进矛盾双方的相互转变。这就要求我们要防止出现"一点论"的错误，反对片面看问题，割裂对立统一关系，离开对立谈统一或者离开统一谈对立。

我国当今处于社会转型期和矛盾凸显期，各种社会矛盾层出不穷，社会的改革也进入了瓶颈期。比如当下我国的户籍制改革、收入分配改革等一系列关系国计民生的改革，虽然困难重重，但是我们要看到，事物是不断向前发展的，经过深入论证和科学设计，我们必将会在社会主义事业道路上前进一大步。

第十节　关于节约

中国是一个社会主义大国，我们要进行大规模的建设，但是中国又是一个经济落后的穷国，这是一个很大的矛盾，为了解决这个矛盾，毛泽东提出了"实行增产节约，反对铺张浪费"的勤俭建国的方针。

一、厉行节俭、反对浪费的必要性

毛泽东在《正确处理人民内部矛盾的问题》中指出，"我们6亿人口都要实行增产节约，反对铺张浪费。这不但在经济上有重大意义，在政治上也有重大意义。"

首先，经济意义。在建国初期，我国人口多，工农业底子却很薄弱，可供利用和分配的资源有限，生产力水平较低，难以满足人民日益增长的物质、文化需求。在"一五计划"时期，全国集中物力、财力和人力建设一批规模大的现代化的国有大中型企业，他们日渐成为我国国民经济的支柱，奠定了我国工业化的基础，对整个经济发展起着决定性的作用。"我们必须逐步地建设一批规模大的现代化的企业以为骨干，没有这个骨干就不能使我国在几十年内变为现代化的工业强国。"对这些骨干企业的重视，就必然会减少对中小型企业的扶持，而中小型企业占据企业的多数，在其发展过程中，"应当充分利用旧社会遗留下来的工业基础，力求节省，用较少的钱办较多的事"。即中小型企业的发展过程中，面对着资源少、能力弱的情况下，更要注重节俭。

其次，政治意义。节约是对我国优良的文化和传统美德的继承和发展。它是转变工作作风、密切党群干群关系的一项重要内容。在我们的干部队伍中，部分人滋生了懒惰、浪费的官僚主义作风，对党员形象和干群关系造成了不利影响。"在我们的许多工作人员中间，现在滋长着一种不愿意和群众同甘苦,喜欢计较个人名利的危险倾向,这是很不好的。"毛泽东谈道。厉行节约,反对铺张浪费,是坚持党的执政为民理念之源,是维护党的形象和政府公信之本。在目前仍有一亿多农村扶贫对象、几千万城市低保人口的国情下,任何公款上的浪费都是在挤占弱势群体的生活资源,都是在扩大社会裂痕,都是对权为民所用的否定,都是变相的利为己谋。作为领导干部必须带头节约,狠刹公款浪费之风。

最后,社会意义。当前社会上的各种浪费行为,多数源于扭曲的消费观。或是"面子消费",认为大操大办、宁剩毋缺、宁多毋少,面子上才挂得住;或是"炫耀消费",不选对的、专选贵的,以此炫耀财富、显示地位。任由扭曲的消费观滋生蔓延,就会产生"绑架"现象,讲面子、好排场、相互攀比,大家这样,我也这样,必然助长奢靡之风。然而,个人虚荣满足了,社会资源却浪费了。认为花钱消费是个人自由,浪不浪费他人无权干涉。殊不知,浪费行为的"溢出效应"侵蚀了社会资源,浪费就不仅是个人领域的事情,更关乎公共利益;厉行节约也不仅是一种个人私德,更是一种社会公德,从这个角度看,厉行节俭、反对浪费,人人有责。

总之,节俭作为中华民族的优良传统,对于当代青少年具

有重要的教育意义。我们应当谨记"静以修身，俭以养德"、
"成由勤俭败由奢"这些千古传诵的朴素道理。其中可见民族
品格，可见文化意涵。在现代社会中，坚持节俭，不仅是对文
化的传承，也是在坚持一种低碳、绿色的生活方式，一种健康
的、积极的生活态度。遏制浪费之风，回归朴素生活，值得各
级领导干部和群众认真贯彻执行。节俭作为中国的传统美德，
对于社会风气净化，遏制越来越严重的攀比浪费之风很有帮
助。全国每年浪费的粮食和财富，足以抵消某些国家一年的生
产总值。另一方面，我们国家粮食也仅仅处于供求平衡，而欠
发达省份还有诸多贫困民众吃不好，而大量的粮食却被浪费在
餐桌上。奢侈是公众的大敌，节俭是社会的恩人。中国是一个
人口大国，如果人人躬行节俭，集腋成裘，聚沙成塔，那将是
多么巨大的财富！相反，浪费起来，又将是多么巨大的损失！
从这个意义而言，厉行节约、反对浪费，是每一位公民应有的
社会责任和道德素养，也是一个民族基本的现代文明素养。我
们必须继承中华民族勤俭节约的优良传统，努力使厉行节约、
反对浪费在全社会蔚然成风。勤俭节约，人人有责。让我们从
我做起、从身边做起、从现在做起，切实把节俭新风写在生活
点滴间。坚决杜绝铺张浪费，杜绝"中国式剩宴"，进一步凝

聚党心民心，实干兴邦，共圆一个"中国梦"。

二、当代节约在行动——"光盘"行动

作为祖国的未来、民族的希望，青少年应当积极地响应毛泽东关于节约的号召。在当代中国，厉行勤俭节约、反对铺张浪费，更离不开全社会共同行动，加之领导干部率先垂范，唯有共同发力，才能让节约光荣、浪费可耻的朴素理念成为社会价值共识，助推社会文明风尚。

对于政府和公职人员来说，公款消费是长久以来形成的习惯，每年所耗费的经费数以千亿，节俭的要求是否能真正改变政府部门的挥霍与浪费？中共中央总书记、中央军委主席习近平亲自作出批示，要求厉行节约、反对浪费。批示指出，各级党政军机关、事业单位，各人民团体、国有企业，各级领导干部，都要率先垂范，严格执行公务接待制度，严格落实各项节约措施，坚决杜绝公款浪费现象。"三公"消费一直处于群众"雪亮的眼睛"之下，是党风政风最直观的展示。因此，各级党政军机关及领导干部必须严格执行公务接待制度，严格落实各项节约措施，严格开展各项监督检查，真正做到打铁自身硬，做到"三公"消费上的无漏洞、

无暗箱、无浪费，唯此才能真正维护党和政府的形象。"上有政策，下有对策"在中国并不少见，一句"国务院好遥远"暗示着这种情况并不在少数。公款吃喝的减少，并不意味着政府部门的经费浪费就真正减少了。吃喝只是一部分，公车消费、公费考察、办公物品购置等等都可以成为浪费与挥霍的源头。单位与政府花样繁多的开销及报销名目，即使不花费在吃喝上，也难免保证不会以其他的方式开销，对于政府部门和单位来说，浪费犹如全身布孔的圆球，堵其一路，则水从其他孔照样流。对于政府方面的浪费行为来说，花的不是自己的钱，花钱缺乏监管是浪费的主要根源。所以关键还是在于源头的控制，严格审核每年运营经费，年末对所有实际支出的开销进行严格的会计审查，遏制各种形式的发票不问来源一律报销的方式。把账目公开，并接受监督，这样才能真正使节俭之风继续下去。同时政府部门人员必须以身作则，节约最重要的主体是人，是在政府工作的所有人员。节约不是一句口号，不是一阵风，它应该是长期的、连续的、全面有广度有深度的节约。必须通过人来实现，为民间的节约行为树立榜样。

习近平总书记上任以来，强调节俭，而民间也提出了

"光盘行动"。一时间节俭之风吹遍中国大地。公费吃喝明显减少。一方面说明中央厉行节俭的政策收到了很大的成效，另一方面也说明公款吃喝、浪费的基数之大。而民间倡议的"光盘行动"，则是将节俭从政府方面推行至全社会。

对于民间的浪费行为，则更多的是攀比要面子，是浪费之源，什么都要好，显示自己的财大气粗，不管自己能不能消费，面子比这些重要，钱就是为了面子而花的。而对于另外的一些人来说，也许本来并不浪费，而是被周围的风气所带动，不得不"奢侈"，否则自己也会没有面子。可见这种攀比的风气会影响全社会，不仅使得自己承受了过大的经济压力，也使得别人也"被迫"承受这些经济压力。"光盘"有利于减少粮食的浪费，尤其是我国粮食勉强自给的情况下；花费在餐桌上的钱可以做很多更加有益的事情，对个人、家庭、社会都是如此。对于广大社会民众共同发起的"光盘行动"非常值得赞扬，然而赞扬过后，思考也随之而来：这样的节约号召和"光盘行动"，究竟能维持多久？是否也如以前一样雷声大雨点小、昙花一现？这种声势浩大的全国范围内的号召与行动，真正能参与其中的民众，究竟有几何？提倡节俭和"光盘"是为了节约资源和钱财，那么节约之后该怎么做，这是一个非常重要的问题。

首先对于发达地区政府部门来说，节约下来的资源，萎缩了发达地区的某些消费需求。假设反对浪费节省下来的钱财，没有通过其他的途径花费出去，而变成了存在银行的货币而不花费出去，这样的节约基本无益于整体经济的发展，反而会使得市场总体需求萎缩。所以，政府如果能够通过财政转移将这些钱财转移到更加需要资金的行业、地区及民众身上，使得他们获益的话，才是号召节俭的根本目的所在。政府部门的某些不健康的需求减少了，通过转移支付将其用到需要资金支持的地区、行业及民众身上，有利于资源在全国范围内的合理配置，保证全国的总体需求不会减少，起到优化消费架构的作用，既可以避免因为节俭而造成的总体需求下降，又可以使得更加需要资金支持的地区及行业获得支持，提高低收入群体的生活水平，这才是一个有效的帕累托改进。

同样，这样的节约转移支付来支持欠发达地区的发展和低收入民众的生活水平提高，有利于引导社会资金流向这些地区与群体，从一个需求减弱的地区转向需求增长的地区，流向那些更加健康的有益于地区经济及民众生活提高的方面，从需求及供给双方面来推动地区发展及民众生活的提高。而那些生活在浪费风气下的民众，也能借由这些转变，调整自己的消费方式，提升自身的生活品位，享受更加有益健康的消费方式，从"被浪费"、"被奢侈"的压力下解放出来。

第五章　中国工业化的道路

　　1949年新中国成立之后，以毛泽东为核心的党的第一代领导集体将尽快地使中国由落后的农业国变为先进的工业国作为自己的奋斗目标。新中国成立以后，1952年底，毛泽东开始酝酿社会主义过渡时期总路线，将实现国家的社会主义工业化同实现对农业、手工业和资本主义工商业的社会主义改造并列，作为党在整个社会主义过渡时期的总任务，并于1953年年底提出了党的过渡时期的总路线，正式确认了这一任务。在1956年4月25日《论十大关系》中，再次提出了这个问题。

　　中国共产党和新生的人民政府面临着国家一穷二白的现状，整个国家遭受了以蒋介石为首的四大家族的剥削和国民党军队的大肆搜刮，人民生活也越来越贫困。此时的中华民族刚刚从苦难之中摆脱出来，面临这种情况，以毛泽东为核心的党的第一代领导集体提出来要恢复和建设我们国家自己的工业化体系。自此，党和人民便开始探索我国的工业化道路。1957年2月，毛泽东在《关于正确处理人民内部矛盾的问题》讲话的最后一个部分，探讨了中国工业化道路问题，主要是重工业、轻工业和农业的发展关系问题。毛泽东提出："这里所讲的工业化道路的问题，主要是指重工业、轻工业和农业的发展关系问题。我国的经济建设是以重工业为中心，这一点必须肯定。但是同时必须充分注意发展农业和轻工业。"这段话体现了毛泽东重工业要以农业为重要市场的观点，要求全党看清楚这个问题。如果我国的农业能够有更大的发展，使轻工业相应地有更多的发展，这对于整个国民经济会有好处，农业和轻工业发展了，重工业有了市场，有了资金，它就会更快地发展。这样做，看起来工业化的速度似乎慢了一些，但是实际上不会慢，或者反而可能快一些。这期间，毛泽东多次强调我们不能机械地照搬外国的经验，而要从中国是一个大农业国这种情况出发，以农业为基础，正确处理重工业同农业、轻工业的关系，充分重视发展农业和轻工业，走出一条适合我国国情的中国工业化道路。

第一节　中国工业化道路必须坚持
党和政府的领导

中国的工业化建设关系到中国共产党执政地位的稳定，"我们共产党是要努力于中国的工业化的"。1921年，中国共产党在一大党纲中提出，要消灭资本家阶级，没收和征用机器、土地、厂房和半成品等生产工具。这是中国共产党表明自己作为无产阶级政党的基本观点，也就是消灭私有制，变生产资料的资本家所有制为工人阶级所有制。中国共产党认为，只有生产资料与生产者结合，中国才能实现工业化。"今日在中国想发展实业，非由纯粹生产者组织政府，以铲除国内的掠夺阶级，抵抗此世界的资本主义，依社会主义的组织经营实业不可。"从而可以看出，中国共产党从刚成立时就主张通过社会主义的方法把中国由落后的农业国变为先进的工业国。毛泽东认为，中国的工业化只有获得了民族独立、人民解放、国家统一等政治条件后才能实现。中国近代史也证明只有中国共产党所领导的反帝反封建的革命，才能创造工业化所需要的政治条件。"中国一切政党的政策及其实践在中国人民中所表现的作用的好坏、大小，归根到底要看它对于中国人民的生产力的发展是否有帮助及其帮助之大小，看它是束缚生产力的还是解放生产力的。"中国共产党不仅要为建立新民主主义的国家而奋斗，而且要为中国的工业化而奋斗。近代以来的中国历史发展向中国人民鲜明地展示："没有中国共产党的努力，没有中国共产党人做中国人民的中流砥柱，中国的独立和解放是不可能的，中国的工业化和农业近代化也是不可能的。"中国的工业化进程是19世纪中叶才开始的，但是在此后的近100年时间里，中国没有任何一个政党像中国共产党那样思考过中国工业化本身的问题。这些问题在1949年中国共产党接管了全国政权以后，才逐步得以解决。新中国成立以后，中国共产党领导人民进行社会主义工业化建设，逐步解决了中国工业化的道路问题、战略问题、资源配置方式问题、资金与人才来源问题等一系列重大问题。正是由于这一系列重大问题的正确解决，中国社会主义工业化才得以顺利推进。

为了早日实现中国社会主义工业化，毛泽东认为应该从三个方面来加强中国共产党对工业化的领导。首先，把恢复和发展生产作为党的中心工作。毛泽东特别强调，"从我们接管城市的第一天起，我们的眼睛就要向着这个城市的生产事业的恢复和发展。务须避免盲目地乱抓乱碰，把中心任务忘记了"，城市中的所有工作"都是围绕着生产建设这一个中心工作并为这个中心工作服务的"。其次，中国共产党要充分调动各种经济力量的积极性，尤其要注意利用资本主义经济的积极性。新民主主义经济主要由国营经济、合作社经济、私人资本主义经济、农民和手工业者的个体经济、国家资本主义经济等几种成分构成。毛泽东认为："由于中国经济的落后性，广大的上层小资产阶级和中等资产阶级所代表的资本主义经济，即使革命在全国胜利以后，在一个长时期内，还是必须允许它们存在。"他强调，这些经济成分虽然在性质上各不相同，存在着矛盾，但在新民主主义国家内部可以获得调节，共产党将采取调节劳资利害关系的政策。再次，必须强化人民民主专政，团结全体人民为社会主义工业化而奋斗。毛泽东认为，加强中国共产党的领导，加强人民民主专政，是实现工业化最重要的政治保障。在人民民主专政内部，工人阶级必须紧密团结其他各阶级。中国共产党必须紧密团结全体工人阶级、农民和广大革命知识分子，团结尽可能多的能够同我们协作的城市小资产阶级和民族资产阶级，以便"迅速地恢复和发展生产，对付国外的帝国主义，使中国稳步地由农业国转变为工业国，把中国建设成一个伟大的社会主义国家"。中国工业化在中国共产党执政后取得了举世瞩目的成就。中国共产党的领导是中国社会主义工业化建设坚实的政治保证。中国社会主义工业化建设，不管是在过去、现在，还是在将来，都离不开中国共产党的领导。

第二节 中国工业化道路要有中国特色

中华人民共和国成立以后，面对帝国主义对新中国的封锁和颠覆的企图，面对腐朽的国民党军队反攻大陆的叫嚣，中国人民选择工业化作为实现国家富强的手段来对付国内外的危机。但是在当时，中国的工业化建设应该怎样进行，根本就无人知晓，历史把探索中国社会主义工业化道路的任务交给了毛泽东。纵观人类工业化的历史，主要有两条工业化道路：一条是以血腥的资本原始积累为起点的欧美式的资本主义工业化道路，这是自欧洲工业革命后人类走出的第一条工业化道路，马克思对此早有深刻的揭露和批判；另一条是片面发展重工业的前苏联式的社会主义工业化道路。毛泽东指出，资本主义发达国家的工业化，比如英国、美国等国家，几乎都是从轻工业开始的，但是他们从工业开始逐步转移到优先发展重工业的过程，是非常漫长的，大约经历了100年到200年的时间；而前苏联式社会主义国家，其工业化则相反，是从重工业开始发展的，在社会主义制度下，这样做能够集中全国的人力、物力和财力，有计划地大规模地开展工业化建设，用几十年的时间就可以完成国家的工业化任务。毛泽东进一步指出，在帝国主义存在的条件下，只有在较短的时间内实现国家工业化，国富民强，社会主义国家才能生存和巩固，否则是极其危险的。在这里，毛泽东指出社会主义国家工业化的速度是关系到国家生死存亡的大问题。工业化是一个历史范畴，各个国家以及一个国家在各个不同的历史时期的工业化道路是不尽相同的，但是，正确的工业化道路最根本的就是要符合该国的基本国情。当时中国人口众多，而且80%左右是农民，农业生产率非常低，经济文化落后，工业基础薄弱。对此，毛泽东曾形象地说："现在我们能造什么？能造桌子椅子，能造茶碗茶壶，能种粮食，还能磨成面粉，还能造纸，但是，一辆汽车、一架飞机、一辆坦克、一辆拖拉机都不能造。"毛泽东清楚地认识到建国初期中国的基本国情，为尽快实现中国工业化，刚开始时参照了斯大林优先发展重工业的模式。但是，在中国工业化建设的具体实践中，特别是在"一五"计划实施的过程中，前苏联模式的弊端日益显现出来。

历史表明，在社会主义国家工业化进程中，如何处理重工业、轻工业、农业的关系是带有根本性战略方针的问题，也是国家工业化道路的问题。前苏联在工业化过程中，片面注重重工业，忽视农业和轻工业，造成市场上货物供不应求，市场动荡，货币不稳定。鉴于前苏联的经验教训，毛泽东明确指出重工业是我国工业的重点。必须优先发展生产资料的生产。但是，决不能够因此而忽视生活资料尤其是粮食的生产。如果没有足够的粮食和其他生活必需品，首先就不能够养活工人，还从何谈起重工业的发展。因此，毛泽东认为，重工业和轻工业、农业的关系必须处理好。在探索中国工业化道路时，毛泽东以马克思、恩格斯工业化理论为指导，既坚持运用列宁和斯大林关于工业化的一般原理，同时又发展了他们的工业化思想，在深刻总结前苏联经验教训的基础上，从农业、轻工业和重工业三者的关系出发，提出一条具有中国特色的社会主义工业化道路。因此他提出，工业化道路的问题，主要是指重工业、轻工业和农业的发展关系问题。这条具有中国特色的社会主义工业化道路是始于优先发展重工业，之后是发展工业和发展农业同时并举，以农业为基础，以工业为主导，按农、轻、重的顺序发展国民经济。毛泽东提出的中国工业化的道路，要求充分注意发展农业和轻工业，尤其要把农业提到应有的位置和高度上来，其根本意义是要工业和农业、轻工业和重工业协调有序地发展，形成以保证最大限度地满足以人民消费需要为目标的格局。这条道路不仅符合中国的实际情况，而且完全符合社会主义经济制度本质，这是工农结合、城乡结合、工人和农民共同富裕的正确道路。

第三节　实现中国工业化的途径

毛泽东认为，要实现社会主义工业化，一是要没收官僚资本主义工业企业，二是要对资本主义工商业和个体手工业进行社会主义改造，三是要努力建设社会主义的新工业。这三个方面相辅相成，缺一不可。

首先，没收官僚资本主义工业企业。官僚资本主义工业在抗日战争胜利后的中国工业中居于垄断地位。1946年，官僚资本主义工业资本占中国全部工业资本，包括东北地区和台湾地区的80%以上。"蒋宋孔陈四大家族，在他们当权的二十年中，已经集中了价值达一百万万至二百万万美元的巨大财产，垄断了全国的经济命脉。这个垄断资本和国家政权结合在一起，成为国家垄断资本主义。这个垄断资本主义，同外国帝国主义、本国地主阶级和旧式富农密切地结合着，成为买办的封建的国家垄断资本主义。这就是蒋介石反动政权的经济基础……这个国家垄断资本主义，在抗日战争期间和日本投降后，达到了最高峰，它替新民主主义革命准备了充分的物质条件……新民主主义的革命任务，除了取消帝国主义在中国的特权以外，在国内，就是要消灭地主阶级和官僚资产阶级的剥削和压迫，改变买办的封建的生产关系，解放被束缚的生产力。"没收官僚资本主义工业企业，是伴随着人民解放战争在全国范围内逐步胜利，依靠人民政权的力量，作为接管城市的主要任务而逐步向新解放的城市铺开的。1946年解放哈尔滨时，就开始了没收官僚资本主义工业企业的工作。从1947年7月人民解放战争由战略防御进入战略反攻开始，到1949年初辽沈、淮海、平津三大战役胜利以后，就基本没收了长江以北的官僚资本主义工业企业，到1949年底的全国解放，除台湾以外的所有中国大陆境内的官僚资本主义工业企业全部被没收了。被人民政府没收的官僚资本主义工业企业共有2858个，职工2129万人，其中发电厂138个，采煤、采油企业120个，铁锰矿

15个，有色金属83个，炼钢厂19个，金属加工厂505个，化学加工厂107个，造纸厂48个，纺织厂241个，食品企业844个。通过没收官僚资本主义工业企业，收归国有，社会主义国营工业迅速地扩大起来，从而社会主义国家所有制经济掌控了经济命脉，成为国民经济的领导力量。在1949年全国大型工业的产值中，社会主义国营工业产值占41.3%，国营工业拥有全国发电量的58%，原煤产量的68%，生铁产量的92%，钢产量的97%，水泥产量的68%。同时，人民政府还掌握了全国的铁路和大部分现代交通运输业。所有这些，为国民经济尤其是工业的恢复和发展奠定了坚实的物质基础。

其次，对农业、手工业和资本主义工商业进行社会主义改造。1953年6月，毛泽东在中央政治局听取李维汉关于利用、限制和改造资本主义工商业若干问题的汇报时，吸取了许多正确的意见。8月，毛泽东在给周恩来的一个重要批示上明确指出："党在这个过渡时期的总路线和总任务，是要在一个相当长的时期内，基本上实现国家工业化和对农业、手工业和资本主义工商业的社会主义改造。"由此可见，毛泽东先前的先工业化后改造的思想已经转为工业化与社会主义改造同时进行。党的七届四中全会正式批准了党在过渡时期的总路线：党在过渡时期的总路线和总任务，是要在一个相当长的时期内，逐步实现社会主义的工业化，并逐步实现对农业、手工业和资本主义工商业的社会主义改造。

对农业采取"合作化"的方式进行社会主义改造。毛泽东高度重视农村社会生产关系的变革和农业生产力的解放和发展，他认为发展农业是实现社会主义工业化的基础，并且从六个方面说明农业的重要地位。第一，农业关系到五亿农村人口的吃饭问题，以及其他日用的非商品性农产品问题；第二，农业也关系到城市和工矿区人口的吃饭问题；第三，农业是轻工业原料的主要来源，农村是轻工业的重要市场；第四，农村又是重工业的重要市场；第五，现在出口物资主要是农产品；第六，农业是积累的重要来源，农业发展可以为发展工业提供更多的资金。但是由于个体经济的分散性和落后性，小农经济的生产不能满足国家和人民的需求，同时小农经济还有盲目走资本主义道路的倾向，导致农村出现新的贫富分化现象。这些矛盾的存在，不利于中国社会主义工业化的顺利进行，因而有必要对农业进行社会主义改造。而对农业的社会主义改造，主要是要引导农业走合作化的道路，从而提高农业生产率，促进生产力的发展，适应工业化建设的需要。在没有先进的农业机械的条件下，对农业进行社会主义改造，必须经过合作化的发展道路，然后再实现机械化。毛泽东对农业合作化与工业化之间的关系有过精辟的论述，他在《关于农业合作化问题》一文中指出："社会主义工业化是不能离开农业合作化而孤立地去进行的。首先，大家知道，我国的商品粮食和工业原料的生产水平，现在是很低的，而国家对于这些物资的需要却是一年一年地增大，这是一个尖锐的矛盾。如果我们不能在大约三个五年计划的时期内基本上解决农业合作化的问题，即农业由使用畜力农具的小规模的经营跃进到使用机器的大规模的经营，包括由国家组织的使用机器的大规模的移民垦荒在内，三个五年计划期内，准备垦荒四亿亩至五亿亩，我们就不能解决年年增长的商品粮食和工业原料的需要同现时主要农作物一般产量很低之间的矛盾，我们的社会主义工业化事业就会遇到绝大的困难，我们就不可能完成社会主义工业化。"对农业的社会主义改造，首先是组织带有社会主义萌芽性质的互动组，并进一步组织半社会主义性质的初级合作社，然后再进一步组织完全社会主义性质的高级合作社。毛泽东把社会主义工业化建设和社会主义三大改造紧密地结合在一起，体现了发展生产力和变革生产关系的辩证关系。工业是国家独立和富强的基本要求与必要条件，是实行社会主义改造的物质基础，而对农业、手工业和资本主义工商业的社会主义改造又是实现社会主义工业化的重要条件。

对个体手工业采取"互助合作"的方式进行社会主义改造。毛泽东认为，个体手工业生产十分落后，不能采用新技术，生产和销售都会遇到许多不可克服的困难，对个体手工业要采取各种互助合作的组织形式，把个体手工业劳动者的个人所有制逐步改造成为社会主义集体所有制。对个体手工业的社会主义改造，主要经过以下三个阶段：第一阶段，手工业供销合作社阶段。个体手工业绝大部分是小商品生产，行业复杂，品种繁多。首先，要组织供销合作社，把原料供应和产品销售组织起来，通过给予手工业者一定数量的加工费，并且通过合理的价格，保证社员应得的劳动收入。这样做可以使手工业者摆脱对商业资本的依赖，从而依附于社会主义国营经济，具有半社会主义性质。第二阶段，手工业生产合作社阶段。为进一步提高劳动生产率，把分散的手工业者集中起来共同劳动，生产工具公有，产品也实行共同所有，社员按劳取酬。手工业生产合作社属于社会主义性质的集体所有制经济。截止到1956年底，全国已经有90%以上的手工业者参与到生产合作社中，基本上完成对个体手工业者的社会主义改造。第三阶段，合作工厂阶段。1958年，许多手工业生产合作社逐步实现半机械化，改组为合作工厂。合作工厂给劳动者发放固定工资，所得盈利上缴给上级领导机关（县联社或市联社）统一管理，工资由上级机关统一调剂，逐步做到在各合作工厂之间基本上实现同工同酬。

对资本主义工商业采取"和平赎买"的方式进行社会主义改造。关于和平赎买思想，马克思主义经典作家早就作过论述。1848年，恩格斯指出，用和平的方法来废除私有制，"共产主义者也会是最不反对这种方法的人"。1894年，恩格斯在《法德农民问题》中提出："我们决不认为，赎买在任何情况下都是不容许的；马克思曾向我讲过（并且讲过好多次）他的意见：假如我们能用赎买摆脱这整个匪帮，那对于我们是最便宜不过的事情了。"列宁更加明确地阐述了和平赎买理论，他说："一方面对不文明的资本家，即对那些既不肯接受'国家资本主义'也不想实行任何妥协而继续以投机、收买贫民等方法来破坏苏维埃措施的资本家加以无情惩治；另一方面与文明的资本家，即与那些肯接受'国家资本主义'，能实施'国家资本主义'，能聪明练达地组织真正用产品供应千百万人民的极大的企业而对无产阶级有益的资本家谋求妥协，或向他们实行赎买。""（如果作为一种例外，当时英国是例外）环境会迫使资本家和平屈服，并在赎买的条件下文明地、有组织地转到社会主义，那就要给资本家付出较高的价钱，向他们赎买，这种思想是完全可以容许的。"由于俄国资产阶级极端仇视新生的苏维埃政权，采取暴力反抗苏维埃政府，列宁的和平赎买思想并没有在俄国实际施行。中华人民共和国建立后，毛泽东领导的中国政府对资本主义工商业的社会主义改造面临着和平赎买和暴力剥夺两种截然不同的方式。但是，"我们是革命转变论者，主张民主革命转变到社会主义方向去"。毛泽东在综合考虑了各方面的因素之后，最终选择了和平赎买的政策对资本主义工商业进行改造，并选择了国家资本主义这一具体形式进行改造，他认为，国家资本主义是改造资本主义工商业和逐步完成社会主义过渡的必经之路。通过加工订货，由国家规定加工费、价格，把资本主义工商业的生产经营活动间接地纳入到国家计划的轨道，割断资本主义工商业与市场的联系，使资本主义的存在和发展逐步丧失外部条件，不得不依赖于社会主义国营经济，把资本主义逐步转变为国家资本主义，为对其进一步改造创造了条件。然后，先通过个别企业的公私合营，再推进到全行业公私合营，取消"四马分肥"（所得税、福利费、公积金、资方红利）的利润分配方法，以每年付给资本家定息（年息5厘）的方法，完成了对资本主义工商业的和平赎买。这也是毛泽东成功地实现了马克思设想的、列宁想实现却没有实现的对资本主义工商业实行的"和平赎买"，走出了一条有中国特色的社会主义道路，开创了国际共产主义运动的先河，丰富和发展了马克思主义理论。

再次，建设社会主义新工业。建国后，建立新的大规模的国营工业企业以作为国家工业化的骨干，成了当时非常紧迫的一项战略任务。毛泽东说："我们必须逐步地建设一批规模大的现代化的企业以为骨干，没有这个骨干就不能使我国在几十年内变为现代化的工业强国。"毛泽东大力支持能源工业、冶金工业、机械工业、化学工业和建筑材料工业以及轻纺工业等国营工业企业的建设，建立了强大的社会主义国营工业基础。在能源工业建设方面，新建和扩建了大同、阳泉、平顶山、徐州、抚顺等12个年产煤1000万吨以上的大型煤基地和六盘水、攀枝花、铜川等一批骨干煤矿，新建了辽宁清河电厂、上海望亭电厂、河北陡河电厂等十几座发电50万千瓦以上的大型发电厂，还新建了大庆、胜利、华北油田等大型油田；在冶金建设方面，建成鞍钢、首钢、武钢等大型钢铁公司，建立了许多大型开采铝、铜、铅、锌、钨等有色冶金工业基地；在机械工业建设方面，建成第一、第二重型机器厂，太原、沈阳重型机器厂和沈阳第一、第二机床厂，上海机床厂，北京第一、第二机床厂，武汉重型机床厂等重型矿山机械工业企业。特别是"一五"时期以前苏联帮助我国设计的以156个建设项目为中心，由694个大中型建设项目组成的工业建设，主要用于发展钢铁、煤炭、电力、石油、矿山、汽车、拖拉机、飞机、有色金属以及重型机器等工矿企业，为我国的工业化建设奠定了坚实的基础。

然后，资金来源问题，是实现中国社会主义工业化的关键问题。新中国建立时，经济基础十分薄弱，国民经济已到了崩溃的边缘，人民群众连维系日常的生活都非常困难。为解决工业建设所需要的资金，毛泽东提出"自力更生为主，争取外援为辅"的思想，一方面靠多发展农业和轻工业，走内部积累资金的道路，另一方面极力争取外国的援助。

第一，主要靠多发展农业和轻工业。毛泽东深刻总结了前苏联积累工业化资金的经验教训，深入探讨了在社会主义建设初期怎样解决发展工业，特别是重工业的资金问题，正确地提出了适当地调整重工业、轻工业和农业的占资比例，用多发展一些农业和轻工业来发展重工业的著名观点。他把解决工业化资金问题放在自力更生的基础上，多发展农业和轻工业，走内部资金积累的道路，但这并不是剥夺农民，不是通过过高的税收积累资金，也不是通过发展重工业挤占轻工业和农业，更不是只重视积累而忽视消费，而是通过发展生产，更好地满足人民对消费的需要，为工业化建设提供坚实的物质基础，更多地增加积累。毛泽东对我国解决工业化资金来源的这一途径有过精彩论述，他说："为了完成国家工业化和农业技术改造所需要的大量资金，其中有一个相当大的部分是要从农业方面积累起来的。这除了直接的农业税以外，就是发展为农民所需要的大量生活资料的轻工业的生产，拿这些东西去同农民的商品粮食和轻工业原料相交换，既满足了农民和国家两方面的物资需要，又为国家积累了资金。而轻工业的大规模发展不但需要重工业的发展，也需要农业的发展。"他还指出："农业和轻工业发展了，重工业有了市场，有了资金，它就会更快地发展。"后来，毛泽东又进一步强调发展农业和轻工业对我国工业化建设，特别是重工业建设的巨大作用。他说："你对发展重工业究竟是真想还是假想，想得厉害一点，还是差一点？你如果是假想，或者你想得差一点，那就打击农业、轻工业，对他们少投点资。你如果是真想，或者想得厉害，那你就要注重农业、轻工业，使粮食和轻工业原料更多些，积累更多些，投到重工业方面的资金将来也会更多些。"毛泽东接着指出："发展重工业可以有两种办法，一种是少发展一些农业、轻工业，一种是多发展一些农业、轻工业。从长远观点来看，前一种办法会使重工业发展得少些和慢些，至少基础不那么稳固，几十年后算总账是划不来的。后一种办法会使重工业发展得多些和快些，而且由于保障了人民生活的需要，会使它发展的基础更加稳固。"他强调多发展农业和轻工业，为我国工业化发展特别是重工业的发展找到了一条稳妥可靠的资金途径，正确地解决了前苏联所没有解决好的发展重工业的资金来源问题，这在社会主义国家工业化的历史上是一个伟大的创举。

第二，争取外国的援助。毛泽东在解决中国工业化资金来源问题上，除了主要依靠国内积累之外，还有一部分资金是依靠其他社会主义国家特别是前苏联的援助而得到解决的。但是，毛泽东强调中国争取外援要"在不丧失领土主权的条件下"。1949年12月至1950年2月，毛泽东率团访问莫斯科，签订了《中苏友好互助同盟条约》和《关于苏联贷款给中华人民共和国的协定》等协定。其中《关于苏联贷款给中华人民共和国的协定》规定：从1950年到1954年这五年时间内，前苏联将以年利1%的优惠条件向中国提供3亿美元的贷款。这笔贷款帮助中国人民迅速恢复被长期战争所破坏的国民经济，改进中国的经济建设，加速中国的工业化起了重大的作用。前苏联用这笔贷款向中国提供了"156项工程"的首批50个大型工程项目。1953年5月15日，中苏双方签订了《苏联政府援助中国政府发展中国国民经济的协定》，前苏联承诺将在1953—1959年内援助中国新建和改建91个规模巨大的工程项目。1954年10月，赫鲁晓夫率团参加中华人民共和国成立五周年庆典期间，就前苏联政府帮助中国新建和扩建企业等问题举行了会谈，签署了《关于苏联政府帮助中华人民共和国政府新建十五项工业企业和扩大原有协定的一百四十一项企业设备的供应范围的议定书》。此后，1955年3月，中苏双方又签署了新的协定，包括军事工程、造船工业和原材料工业等建设项目共计16项。后来又通过口头协议增加2项，前后共确定174项工程。经过反复核查调整后，最后确定为154项。由于计划公布156项在先，因而通称为"156项工程"。前苏联的援助，使得我国工业化建设资金紧张的问题得到缓解。整个"156项工程"，中国引进前苏联技术设备投资共计76.9亿旧卢布（折合人民币73亿元）。其中，1950—1952年完成3.2%，1953—1957年完成57.1%，1958—1959年完成39.6%。同期引进东欧各国技术设备投资共计30.8亿旧卢布（折合人民币29.3亿元）。以上共计引进投资102.3亿元，按照20世纪50年代年均美元比价折合40.4亿美元，按照1959年比价折合39.09亿美元。通过坚持"自力更生为主，争取外援为辅"的方针，毛泽东很好地解决了中国工业化建设资金不足的问题。

最后，实现工业化的途径一定要注意综合平稳。中国社会主义工业化建设，不是孤立的，而是涉及到它的内部和外部复杂的部门之间的比例关系。毛泽东认为，经济工作的关系很复杂，互为因果，一方面搞不好还会有连锁反应。正确认识和处理这些比例关系，保持整个国民经济的协调发展，是中国社会主义工业化建设的必要条件。1959年6月，毛泽东在同外国来宾的谈话中提出："搞社会主义建设，很重要的一个问题是综合平衡。比如社会主义建设需要钢、铁等种种东西，缺一样就不能综合平衡。"毛泽东在1959年7月庐山会议前期指出："大跃进的重要教训之一、主要缺点是没有搞平衡。说两条腿走路、并举，实际上还是没有兼顾。在整个经济中，平衡是一个根本问题，有了综合平衡，才能有群众路线。"他还指出：
"有三种平衡：农业内部农、林、牧、副、渔的平衡；工业内
部各个部门、各个环节的平衡；工业和农业的平衡。整个国民
经济的比例关系是在这些基础上的平衡。"农业、轻工业和重
工业的比例关系，是国民经济中最根本的比例关系，也是我国
工业化建设的关键。只有正确处理好农业、轻工业和重工业的
比例关系，我国工业化建设才会快速健康向前发展，工业化的
宏伟目标才能够实现。毛泽东说："过去安排是重、轻、农，
这个次序要反一下，……过去是重、轻、农、商、交，现在强
调把农业搞好，次序改为农、轻、重、交、商。"次序的改变
还意味着新的平衡，即综合平衡。要做到综合平衡，就是要统
筹兼顾，协调好各方面的发展，必须"十个指头弹钢琴"，全
面抓，全面发展。前苏联在发展方法上片面强调重工业的发
展，很大程度上牺牲了农业和轻工业，造成了国民经济失衡的
后果。毛泽东看到了这一点，认识到社会主义建设必须进行统
筹兼顾，搞好综合平衡，把方方面面的利益关系都纳入到整个
国民经济发展的大格局中去考虑。

关于综合平衡的原则，毛泽东强调了三个方面。第一，实
事求是，量力而行。毛泽东强调，我们在制订计划时，不能简

单地只靠加、减、乘、除计算出来后，各部门、各地区就分数字、争人、打官司，要有全面的观点，不是根据哪个地区自己的愿望，而是要根据客观事实来安排计划，要实事求是，要一切从实际出发，还要量力而行。第二，充分可靠，留有余地。第三，全面规划，保证重点。毛泽东指出，制订计划时要有重点，不可在同一时间内百废俱兴。"要保证重点建设，又要照顾人民生活。"

第四节　中国工业化所要实现的目标

在中国工业化建设进程中，毛泽东提出了中国工业化的具体目标，即工业化的时间目标和工业化的质量目标，并在这个基础上逐步上升为"两步走"的发展战略。

一、时间目标

中华人民共和国建立之后，当时的国际国内形势都非常严峻，一直到1953年12月朝鲜战争结束，国际形势才趋于缓和，同时，随着社会主义改造的完成和大规模"一五"计划建设的展开，国内经济形势才开始好转，毛泽东对我国的经济建设的国情有了进一步的认识，对实现工业化的时间有了初步的认识。毛泽东在过渡时期的总路线中正式提出了中国工业化建设在时间上的目标，他指出，党在过渡时期的总路线和总任务是，要在一个相当长的时期内，逐步实现国家的社会主义工业化。在《批判离开总路线的右倾观点》一文中，毛泽东明确指出："党在过渡时期的总路线和总任务，是要在十年到十五年或者更多一些时间内，基本上完成国家工业化。"1955年3月，毛泽东认识到实现中国工业化需要更长的时间，他指出："要建成一个强大的高度社会主义工业化的国家，就需要有几十年的艰苦努力，比如说，要有五十年的时间，即本世纪的整个下半世纪。"但是，在我国工业化建设的实践中，为争取早日实现工业化，搞全民大炼钢铁，刮共产风，结果是劳民伤财，犯了"左"倾冒进病，违背了客观规律，使我国的社会主义事业遭受很大挫折，也使毛泽东对我国社会主义建设步伐作了重新思考。1962年1月11日至2月7日，中共中央召开了扩大的工作会议，毛泽东在这次大会上发表了关于民主集中制问题的讲话，认为建成我国工业化没有一百年的时间是不行的。他指出，经过三百年的发展，资本主义生产力才有现在这个样子，而对于中国这样一个建立在贫穷落后基础上的新兴的社会主义国家来说，虽然有先进的社会制度，经济发展比资本主义快得多，但是由于人口多、底子薄，实现工业化的困难还有很多，中国工业化的实现没有一百年的时间是不行的。根据毛泽东的设想，在1964年12月召开的第三届全国人大第一次会议上，周恩来明确提出实现四个现代化战略目标的两步走设想，即从第三个五年计划开始，我国的国民经济发展可以按两步走来考虑：第一步，建立一个独立的比较完整的工业体系和国民经济体系；第二步全面实现农业、工业、国防和科学技术的现代化，使我国经济走在世界前列。毛泽东关于我国工业化建设时间目标的确定的确是经历了一个过程，但决不是一个简单的时间概念的变化，而是对我国社会主义工业化建设经验教训的科学总结，是对社会主义工业化建设更深刻认识的结果。毛泽东的工业化时间目标为十一届三中全会后党的第二代领导集体提出"三步走"的现代化发展战略，提供了重要的参考和借鉴，"三步走"的现代化发展战略实际上是在毛泽东的"两步走"的发展战略的基础上演变而来的。

二、质量目标

中国工业化实现的标准是建立社会主义工业体系。毛泽东提出了把建立独立完整的工业体系作为工业化实现标志的思想，并在此基础上逐步实现四个现代化，这是对社会主义工业化理论的新发展。"建立独立的完整的工业体系"最早出现在1949年3月毛泽东在中共七届二中全会的报告中，但由于受到当时历史条件的限制，并没有作为明确的政策目标提出来。1956年8月31日，在修改中共八大政治报告时，毛泽东把国家工业化的目标具体化为建设"一个独立的、完整的工业体系"。大会决议明确规定："为了把我国由落后的农业国变为先进的社会主义工业国，我们必须在三个五年计划或者再多一点的时间内，建成一个基本上完整的工业体系。"经中共八大确定，这一新的思想观点成为中国社会主义工业化的战略目标和标准。周恩来在中共八届二中全会上作了具体阐释："我们所说的在我国建立一个独立的完整的工业体系，主要是说，自己能够生产足够的主要原材料；能够独立地制造机器，不仅能够制造一般的机器，还要能够制造重型机器和精密仪器，能够制造新式的保卫自己的武器，像国防方面的原子弹、导弹、远程飞机；还要有相应的化学工业、动力工业、运输业、轻工业、农业等等。"建立独立的完整的工业体系，不是单一发展工业化或工业现代化，而是紧密联系现代化，将工业化与现代农业、现代国防和现代科学技术融为一体、互相促进。在此基础上，毛泽东提出中国式的工业化道路应是一条全面实现四个现代化的道路，中国工业化是同社会主义的四个现代化建设密切相连，相辅相成的。1953年底，毛泽东在公布过渡时期总路线的学习和宣传提纲中，对四个现代化作出最早的表述。他提出，要"建设起强大的现代化的工业、现代化的农业、现代化的交通运输业和现代化的国防"。1957年毛泽东在《关于正确处理人民内部矛盾的问题》一文中增加了"现代科学文化"的内容，进一步明确提出：要"将我国建设成为一个具有现代工业、现代农业和现代科学文化的社会主义国家"，表明了科学技术和文化在社会主义现代化中的地位和发挥的作用，进一步丰富了现代化的内涵。1959年底至1960年初，毛泽东在读苏联《政治经济学教科书》时，又增加了国防现代化的要求。他说："建设社会主义，原来要求是工业现代化，农业现代化，科学文化现代化，现在要加上国防现代化。""至此，社会主义四个现代化的完整思想于1965年初第三届全国人民代表大会上，被确定为中国人民的奋斗目标。在斯大林看来，工业产值在工农业总产值中占70%就实现了国家工业化，毛泽东并没有教条地接受斯大林的看法，而是将建立独立的完整的工业体系与现代化结合，确立了建立独立、完整、现代化的工业体系为实现社会主义工业化的标准，突破了传统社会主义工业化目标，合乎当时中国实际和世界工业现代化的潮流。"[①]

三、社会主义工业体系必须处理好的几个关系

建立一个独立完整的工业体系，毛泽东认为必须处理好沿海工业和内地工业的关系、中央工业和地方工业的关系、大型工业和中小型工业的关系。

在沿海工业和内地工业关系上，由于沿海工业占当时工业总产量的70%，内地只占30%左右，这种历史上形成的不合理状况给大规模工业化建设带来了巨大的困难。毛泽东指出："新的工业大部分应当摆在内地，使工业布局逐步平衡，并且有利于备战，这是毫无疑义的。"他还指出："好好地利用和发展沿海的工业老底子，可以使我们更有力量来发展和支持内地工业。如果采取消极态度，就会妨碍内地工业的迅速发展。"因此，当时在内地建立了新的工业基地，使全国各地经济逐步趋向平衡发展。同时，为了适应国家和人民生活日益增

---

①王园园：《党的三代领导人工业化思想与实践研究》，《浙江农林大学学报》，2012年。

长的需要，更是为了支持内地工业化建设，还积极地、充分利用并适当地发展沿海各地原有的工业。为了防止战争的破坏，毛泽东在1964年5月召开的中央工作会议上，提出了"三线建设"问题，推动了沿海地区的工业生产技术和管理经验向内地的大转移，为实现全国工业化创造了有利条件。

在中央工业和地方工业关系上，毛泽东认为，中央工业的发展离不开地方工业的协助，地方工业的发展也离不开中央工业的指导与支援。"中央要发展工业，地方也要发展工业。就是中央直属的工业，也还是要靠地方协助。至于农业和商业，更需要依靠地方。总之，要发展社会主义建设，就必须发挥地方的积极性。中央要巩固，就要注意地方的利益。"针对当时在中央工业和地方工业关系上出现的问题，毛泽东指出既要纠正有些中央部门对地方工业的发展和统一安排不够注意，以致地方工业不能够合理地发挥潜在力量的偏向，又要纠正有些地方领导机关不顾全国生产设备是否有余，不顾当地的资源条件和其他经济条件，盲目地新建和扩展一些工业，以至于造成国家财产巨大损失的偏向。

在大型企业和中小型企业关系上，毛泽东认为虽然大型企业能够解决国民经济发展中的关键问题，但是我国国情决定了我国不能在短期内建成足够数量的能满足各方面需要的大型企业，因此必须利用中小型企业投资少、容易建设、收效快以及能充分利用各地资源的优势，建设一批中小型企业以生产满足全国人民各方面需要的各种产品。毛泽东指出："我们必须逐步地建设一批规模大的现代化的企业以为骨干，没有这个骨干就不能使我国在几十年内变为现代化的工业强国。但是多数企业不应当这样做，应当更多地建立中小型企业，并且应当充分利用旧社会遗留下来的工业基础，力求节省，用较少的钱办较多的事。"

第五节　毛泽东中国工业化思想的评价

毛泽东所提出的中国工业化思想经历了一个十分曲折的过程，这一思想的形成和发展其实是一个由实践、认识，再实践、再认识的过程。它是以毛泽东为代表的中国共产党人在探索中国社会主义建设道路的过程中逐步形成的。毛泽东的工业化思想建构了中国工业化理论的主要结构和内容，构成了社会主义现代化建设理论的重要组成部分。

首先，在吸取苏联建设社会主义工业化经验教训的基础上，毛泽东依据中国当时的客观情况，对中国工业化进行了创新性的探索和论述，其具有鲜明的时代特色和中国特色。毛泽东的工业化思想和实践探索的过程，既借鉴了苏联已有的模式，又从中国落后农业国的国情出发，不一味固守别人的经验；既坚持了马克思主义工业化理论的基本原则，又不拘泥于马克思主义经典作家们的某些关于工业化的结论。这是对社会主义工业化理论的重大发展，为落后的农业国实现工业化并向社会主义成功跨越提供了历史借鉴。

其次，毛泽东的工业化思想是中国特色社会主义工业化道路探索的先导。毛泽东工业化思想对于整个社会主义工业化而言有着承前启后的作用。其宝贵成果为中国共产党继续探索中国工业化建设奠定了思想基础。这一思想不仅继承和发展了马克思、恩格斯等马克思主义经典作家的工业化思想，而且启迪了之后党和国家数代领导人现代化思想与实践。这为中国共产党十一届三中全会以来具有中国特色的社会主义工业化建设，从而构成中国工业化理论体系的有机组成部分，对之后党和人民继续正确探索工业化道路具有重要的启示作用。在毛泽东工业化思想指导下，中国工业化建设取得了显著成就。新中国成立后，经过三年的恢复和重建工作，国家财政经济状况得到了根本好转，实行集中统一的经济管理制度，使国家能够有效地集聚资金、人力、物资和技术力量，重点投入重工业的建设。在短短二三十年期间里，就基本实现了国家工业化的初期目标，建成了一个初具规模、门类齐全的工业体系和国民经济体系。

最后，毛泽东的工业化思想也存在一定的历史局限性。"特别由于世界性的难题、特殊的国情、实践的局限以及一段时间里指导思想上的失误等种种因素，一些宝贵的思想在实践中未能贯彻始终。这些工业化探索的失误，为以后工业化提供了方向和经验教训，使我们能够在短期之内实现工业化发展道路的转变，带动国民经济向着更合理的结构与更高效的方向发展。"[1]历史和现实昭示，要在中国这样经济文化极其落后的农业大国实现社会主义工业化，是一项前无古人的伟大事业，必然经历充满了曲折、反复和挫折的一个辩证否定的发展过程，更需要几代人的长期艰辛探索。

---

①王园园：《党的三代领导人工业化思想与实践研究》，《浙江农林大学学报》，2012年。

第六章 《关于正确处理人民内部矛盾的问题》的价值与局限

第一节 《关于正确处理人民内部矛盾的问题》的历史局限

当然，毛泽东虽然具有非常高的领导和理论水平，但是由于历史条件的限制使得他的这篇著作存在一些不够完全和不够准确的地方，在之后的党和国家的建设和发展的过程中出现了理论不能与实践很好地结合的情况。

一、没有明确提出社会主义社会的主要矛盾

《关于正确处理人民内部矛盾的问题》这篇文章指出，革命时期那种激烈的军事战争和大规模的阶级斗争已经结束，从建国之后我们国家的形势已经相对稳定，同时，毛泽东明确指出了，我们的根本任务已经由解放生产力转变为在

新中国已经建立的情况下保护和发展生产力，中国共产党的主要任务就是领导全国人民团结一切可以团结的力量，"向自然界开战"。《关于正确处理人民内部矛盾的问题》这部马克思主义哲学著作本身存在着一定的缺憾。《关于正确处理人民内部矛盾的问题》这篇文章蕴含着中共八大关于主要矛盾是什么的基本思想，但却又回避了"主要矛盾"这个概念，因此，这篇文章也就没有正面地、明确地提出什么是社会主义社会的主要矛盾，也就没有能够对其进行理论上的高度概括。这就削弱了毛泽东关于社会主义社会矛盾学说理论的科学性和全面性。毛泽东在1957年10月9日中共八届三中全会结束时作了《做革命的促进派》的讲话，做出了以下的论断："无产阶级和资产阶级的矛盾、社会主义道路和资本主义的道路，毫无疑问，这是我国社会的主要矛盾。"与之前相比，毛泽东改变了关于我们国家主要矛盾的提法，这样也就使得人民内部矛盾不可能继续成为我们国家政治生活的主题。这之后，由于多种原因促使毛泽东越来越关注阶级斗争，这也就使得阶级斗争成为了毛泽东心目中的"主要矛盾"和"纲"，进一步成为晚年毛泽东理论和实践的主题。从之前的论述我们可以看出，由于毛泽东在理论上对主要矛盾问题含糊不清或者干脆避而不谈，这就影响了对于新中国其他矛盾的确定和社会主要任务的界定。这就导致了党和政府在带领各级人民进行社会主义建设的时候混淆了两类矛盾。

二、没有将发展社会主义社会生产力作为处理人民内部矛盾的根本途径

毛泽东曾经说过："批评和自我批评是一种方法，是解决人民内部矛盾的方法，而且是唯一的方法。除此以外，没有别的方法。""我们现在的任务，就是要在整个人民内部继续推广和更好地运用这个方法，要求所有的厂、合作社、商店、学校、机关、团体，总之，六亿人口，都采用这个方法解决他们内部的矛盾。"毛泽东的这个论述存在着明显的局限性。我们首先要弄清楚，所谓的"人民内部矛盾"，其实就是人民内部多种矛盾的总称。它所包含的内容和形式是多个层次、多个方面的，既包含经济、政治上的利益矛盾，也包含思想认识上的是非矛盾，既包括阶级、群众的矛盾，也包括纯粹个人矛盾。刘少奇在《如何正确处理人民内部矛盾》讲话中指出："人民内部矛盾还特别表现在分配问

题上面。不是讲生产关系和生产力的矛盾吗？生产关系和生产力的矛盾表现在什么地方？我看是大量地表现在分配问题上。""人民内部之间的矛盾激化起来——几乎全部是为了经济性质的切身问题。"从这句话我们可以看出来，对于那些现实存在的矛盾最终只能用现实的物质力量对其进行解决。"团结—批评—团结"这一方法只能处理或者解决好其中几个层次或方面的矛盾，充其量也只能在一定程度上处理经常性的、大量的矛盾现象的方法。但是究其根本，这一方法本身不具备最终解决矛盾的力量。这一方法主要是以主观良好的愿望，也就是所谓的"精神道德力量"作为主导，它的有效性和可行性在很大的程度上依赖于存在矛盾双方的觉悟程度。而且，"团结—批评—团结"即使能够解决矛盾双方一时的思想矛盾，使人们的思想认识达到统一，但是其无法从根本上缩小人们在实际利益关系上的差别与距离。而差别就是矛盾。由此可见，"团结—批评—团结"的方法是不能从根本上处理和调节好建国后人民内部所有的矛盾的。毛泽东在他的著作中没有能够明确地揭示出以下原理，即只有大力发展社会生产力，创造出更多的物质财富，才能从根本上消除人民内部的各个阶层、利益群体所存在的矛盾。

三、没能始终坚持正确区分和处理人民内部矛盾

毛泽东创造性地提出了两类不同性质矛盾的学说，成功地解决了理论创新的重大历史性课题。但在晚年的实践中，由于片面强调矛盾的斗争性，毛泽东混淆了两类不同性质的矛盾，片面强调矛盾的斗争性，逐渐偏离了唯物主义辩证法的方向，明显地表现出"斗争至高无上，斗争取代一切的错误倾向，共产党的哲学就是斗争哲学"，这种无限扩大矛盾斗争性的思想在遇到处理复杂的两类矛盾时，难免会因为处理不当而发生偏差。恰恰是这些偏差导致了反右斗争的扩大化，而且为之后"文化大革命"的发生埋下了伏笔。其在实践中发生的一连串的阶级斗争扩大化的严重错误主要有：

首先，意识形态领域的阶级斗争扩大化问题。毛泽东提出"双百"方针的目的，就是要正确处理意识形态领域内的人民内部矛盾问题。但是后来随着阶级斗争扩大化的逐步升级，涉及哲学、经济学、历史学、文学艺术领域的一系列政治批判运动，把正常的学术争论也当作严重的阶级斗争来看待，混淆了学术问题、思想认识问题与政治斗争、阶级斗争的界限，结

果严重挫伤了科学、教育和文化工作者的积极性，给社会主义科学文化事业造成了不可挽回的损失。其次，党内斗争扩大化问题。这主要始于1959年的庐山会议。彭德怀对"大跃进"与人民公社化运动提出了正确的批评意见，结果被上纲到"右倾机会主义"和"里通外国"，毛泽东认定庐山出现的斗争是一场阶级斗争，是过去社会主义革命过程中资产阶级与无产阶级两大对抗阶级的生死斗争的继续。这就严重混淆了党内工作不同意见的矛盾与阶级斗争的界限。在60年代以后，毛泽东又提出要警惕"党内的赫鲁晓夫式的人物"、"党内走资本主义的当权派"和"党内存在一个资产阶级司令部"的错误论断，并且亲自发动了"文化大革命"。再次，经济领域的阶级斗争扩大化。随着社会主义经济建设的发展，在经济领域里出现了贪污盗窃、生活腐化和官僚主义等腐败现象。毛泽东对此问题十分痛恶，主张要给予严厉打击。1963年2月，中央决定在城市开展"五反"运动，在农村进行"四清"，后来统称为"社会主义教育运动"。刘少奇认为，在出现的问题当中，各种矛盾都交织在一起，是什么性质的矛盾解决什么矛盾。毛泽东则认为，腐败现象和官僚主义就是两个阶级两条道路的斗争，并认为中国已经出现了与工农阶级相对立的官僚主义者阶级，结果把党的大批干部作为阶级斗争的对象。

总的来说，20世纪50年代的中国，是一个需要理论并产生了光辉理论的年代。毛泽东的《关于正确处理人民内部矛盾的问题》就是这个理论百花园中的一枝奇葩。在这一理论指导下的第一个实践就是党的整风运动，为整风运动确立了正确的指导思想，但由此派生出的反右派斗争中，"扩大化"的错误实践成为修正正确理论的基础，而理论的失误最终导致了实践更大的失误。反右斗争严重扩大化正是未能正确地实践《关于正确处理人民内部矛盾的问题》理论所致，但这无损于《关于正确处理人民内部矛盾的问题》理论的光辉，反而从另一个侧面确立了《关于正确处理人民内部矛盾的问题》在国际共运中、在理论与实践中的卓越地位。

四、忽视民主和法律在处理人民内部矛盾中的重大作用

毛泽东在《关于正确处理人民内部矛盾的问题》中提倡和强调要用民主的方法作为解决人民内部矛盾的总的原则和总的方法。建国后，毛泽东曾经非常称赞社会主义民主，并且指出，我们的社会主义民主是任何资产阶级国家所不

可能拥有的最广大的民主。但是，随着时代和形势的发展，毛泽东指出："在人民内部实行民主制度，首先是农民向着反动阶级、反动派和反抗社会主义改造和社会主义建设的分子实行专政。"毛泽东在这句话中更多谈到了从国家制度方面的内容。在处理人民内部矛盾问题上，毛泽东更强调的是集中，也就是要把集中作为处理调节人民内部矛盾的又一重要举措。他这样说道："民主这个东西，有时看起来似乎是目的，实际上，只是一种手段……在人民内部，民主是对集中而言，自由是对纪律而言。"在毛泽东看来，在人民内部实行民主，并不是强制的、压服的方法去解决人民内部矛盾的争论问题，只是为了进行各方面工作的时候采取说服教育的方法。在这里，人民内部矛盾的解决，实际上是矛盾的一方处于主动者、团结者、批评者的位置，而另一方则居于被动者、被批评者的位置。这样就对民主真正的发挥出其作用产生了不良的影响。此外，既然把"民主"作为了达到"集中"的手段，那就意味着民主可以用，也可以不用；可以这样用，也可以那样用。这一想法的典型的例子有：毛泽东为了解决领导与群众的矛盾，同时也是为了反对官僚主义，采取了轰轰烈烈的群众运动的"大民主"的方法，其形式是

"四大"，具体来说就是大鸣、大放、大字报、大辩论。这次活动的结果不仅没有推动中国民主政治的前进，反而对我国民主与法制产生了重大破坏。从这一实例我们可以看出，我们不能否认民主在处理人民内部矛盾中所发挥出的重要作用，但是关键问题是把民主当作目的还是手段。历史证明，只有把民主既看作是手段又看作是目的，看作手段和目的的辩证统一，最终使社会主义民主制度化、法制化和程序化，只有这样才能真正防止随意把人民内部矛盾转化为敌我矛盾，才能真正调动一切积极因素，保证实现国家的长治久安和兴旺发达。除了民主问题，毛泽东还忽视了法律在处理人民内部矛盾过程中的作用。1958年8月政治局扩大会议上毛泽东这样说道："法律这个东西没有也不好，但我们有我们的一套，还是马青天那套，调查研究，就地解决，调解为主……不能靠法律治多数人。多数人要靠养成习惯。民法、刑法那样多条谁记得了。宪法是我参加制定的，我也记不清。韩非子是讲法治，后来儒家是讲人治的。我们各种规章制度，大多数，90%是司法局搞的，我们基本不靠那些，主要靠决议，开会，一年搞四次，不靠民法、刑法来维持秩序。"很明显，毛泽东在处置人民内部矛盾的根本方略方面，更倾向于"人治"而不是法治。

邓小平这样说道："为了保障人民民主，必须加强法制。""社会主义民主和社会主义法制是不可分的"，"这好像两只手，任何一只手削弱都不行"。他在总结历史教训的基础上妥善处理了民主与法制的关系。十一届三中全会以来的历史充分证明，依法办事，才能大大地减少矛盾，也才可以有效地解决矛盾。随着十八大的召开，新的形势和新的任务摆在了我们的面前，党和政府必须进一步发扬民主，把正确处理人民内部矛盾纳入法制建设的轨道。

第二节 《关于正确处理人民内部矛盾的问题》的重要价值

一、它是马克思主义中国化的重要理论成果

1919年的五四运动开启了马克思主义传播到中国的进程，一个新生的理论和学说，不管是进步的、科学的还是退步的、落后的，它要想真正生存下来并不断发展就要求这个理论很好地与当时社会的实际情况结合起来。马克思主义传播到中

国以后就面临着这样一个问题。缺乏实际的斗争经验但是却十分聪明的中国共产党人创造性地把马克思主义这一新生的、科学的理论与当时中国发展的实际情况结合了起来，提出了要实现马克思主义中国化这一历史任务。其实，马克思主义中国化用通俗点的话来说，就是根据马克思主义理论的基本原理并且把这些理论与中国当时的实际情况、历史以及文化结合起来，促使诞生在国外的马克思主义理论在中国实现民族化和具体化，这样就可以更好地进行传播和用来指导中国共产党人的革命事业。随着中国共产党的不断发展壮大，1949年终于打败了以蒋介石为首的国民党反动政府和他们所领导的国民党军队。毛泽东以及许多党和政府的领导同志开始带领中国人民建设新中国的经济、政治、文化等等各方面的事业，当然这些建设都属于社会主义建设的范围里面。大家需要知道的是，所有的行动都需要理论来进行指导，好的理论才能促进行动的成功，坏的理论不利于行动的成功。于是，在毛泽东的带领下，中国共产党和新生的人民政府根据以往革命和现在建设的经验教训提出了社会主义矛盾学说。这一学说的提出是有着深厚的背景的。它既是毛泽东对于马克思、恩格斯、列宁、斯大林等马克思主义者关于社会矛盾理论的总结，也是对于中国传统文化中关于矛盾这一思想的发展和继承，更是对于马克思这一科学的、进步的理论与中国具体的发展情况相结合的思想结晶。

毛泽东关于社会主义矛盾的思想和理论是对马克思、恩格斯等马克思理论的创造和发展者们关于人类社会基本矛盾思想的继承和发展。从马克思主义理论中唯物辩证法的观点来看：其实世界上所有的事物都包含着矛盾，所有事物之所以能够产生变化或者发展就是因为这些事物内部存在着矛盾。矛盾着的事物之间可以说是既斗争又统一，也就是通常所说的对立统一规律。这个对立统一规律为毛泽东分析社会主义社会矛盾提供了方法论的基础。马克思、恩格斯考察和分析了人类历史和资本主义社会，概括出了社会构成的两对基本矛盾，分别是生产力与生产关系的矛盾和经济基础与上层建筑的矛盾。这两对矛盾推动着人类社会不断向前发展。毛泽东提出的社会主义矛盾学说肯定了社会的基本矛盾依然是生产力和生产关系、经济基础和上层建筑之间的矛盾。在这一基础上，毛泽东把马克思主义理论与中国社会主义社会的特征相结合。第一次对建国后我国社会主义社会基本矛盾的状况和今后的发展作出了较为全面的揭示和描述。在这些思想的基础上，毛泽东在肯定中国共产党第八次全国代表大会所确定的基本方向的同时，更加明确地提出了：在生产资料所有制方面的社会主义改造基本完成以后，党的根本任务"已经由解放生产力变为在新的生产关系下面保护和发展生产力"。国家政治生活的主题变为了正确处理人民内部矛盾。而且毛泽东在这篇文章中对这一主题作了初步的和较为系统的回答。从这个角度出发《正确处理人民内部矛盾的问题》这篇文章可以说是探索符合中国实际情况的中国特色社会主义道路的理论源头，它为之后毛泽东等党的领导同志带领全国人民探索中国特色社会主义道路奠定了理论基石。

二、它是正确处理改革、发展、稳定的理论依据

毛泽东在《正确处理人民内部矛盾的问题》中指出正确处理人民内部矛盾是建国后我们国家政治生活的主题。大家需要清楚，人民内部矛盾处理得好坏，直接关系到我国社会的稳定、改革的成败乃至建设中国特色社会主义事业的成败。历史也已经证明，什么时候我们处理好人民内部矛盾，我们的社会就能保持稳定和发展；什么时候处理不好，社会主义建设和发展就会遇到困难和挫折。随着我国经济的发展和社会的进步，我国的发展进入到了转型时期，各类社会资源正在进行重新分

配，各个阶层和群体之间的利益关系也正在做重新调整，人民内部矛盾发生了非常重大的改变。因此，中国共产党和我国政府能不能妥善解决当前人民内部矛盾是一个重大的历史课题。正确处理人民内部矛盾，是维护我国目前安定团结的政治局面，推进国家的各项社会主义建设的必要条件。在进入新世纪十几年后，面对着新的形势和新的任务，中国共产党将正确处理人民内部矛盾作为国家政治生活的主题，有助于把握好我们国家处理好改革、发展、稳定三者之间的关系。

中国社会全面进步的三个支点分别是改革、发展、稳定。其中，改革是动力，发展是目的，稳定是前提。这三者之间相互影响，相互制约，从而构成一个有机的统一整体。在把握三者辩证关系的基础上，必须首先高度重视稳定的关键性作用。邓小平在论述三者关系时，就尤其强调稳定的条件作用、保障作用和关键作用。比如"压倒一切的是需要稳定"，"我们搞四化、搞改革开放，关键是稳定"等等。稳定的本质在于不能丧失改革和发展的历史机遇。因此，如何实现社会长期稳定也就成为一个紧迫而重大的理论问题和实践问题。江泽民在十四届三中全会的讲话中提出要把处理好改革、发展、稳定三者关系放在社会主义现代化建设中若干重大关系的首要地位。

他这样说道，"三者关系处理得当，就能总揽全局，保证经济社会的顺利发展；处理不当，就会吃苦头，付出代价"。从本质上来说，社会主义国家的改革其实就是一场深刻的社会革命。它会涉及社会各阶层、群体、个人之间的利益调整，因此，在这个过程中可能会产生复杂的冲突和矛盾。而这些人民内部矛盾如果得不到及时处理和疏导，就可能以对抗的形式表现出来。如果放任这种情况发展下去就很可能造成更加严重的社会震荡。所以说，社会稳定的关键在人民内部。如果人民内部矛盾处理得好，就可以增强人民的团结，从而进一步推动改革开放和社会经济的良好发展；但是如果处理不好，就会破坏人民之间的团结，减弱人民内部的凝聚力，挫伤人民群众的积极性。如果任由这些社会矛盾的积累和发展，就会进一步激化矛盾，从而诱发和扩大积聚着的社会各个群体和基层的矛盾和冲突，最后很可能导致社会动荡。

由于以上原因，中国共产党和人民政府只有根据国家的变化正确地处理人民内部矛盾，才能促进全体人民形成良好的社会政治心理，使不稳定的社会因素转变为积极向上的因素，从而在全社会形成较为统一的价值目标，比如像社会主义荣辱观等社会主义主流的价值观念。只有做到这些才能促使我们国家和各个民族形成较强的凝聚力和吸引力，进一步实现国家整个社会大系统的有序性、规范性和连续性。毛泽东的《关于正确处理人民内部矛盾的问题》为维护我国社会的稳定提供了理论依据。他所提出的两类不同性质的社会矛盾和社会基本矛盾学说，为我们正确认识和处理国家社会主义初级阶段的各种社会矛盾提供了理论借鉴。除此之外，毛泽东提出了一系列处理不同矛盾的原则、方针和策略，涉及中国政治、经济、文化和社会各个层面，为正确处理我国改革、发展、稳定的关系提供了理论和经验指导。

三、它是构建社会主义和谐社会的理论武器及科学指南

胡锦涛在2012年的十八大报告中指出要在2020年全面建成小康社会，并且要求要加快推进我们国家社会主义现代化的建设和发展。因此，这一时期既是我们国家改革开放的黄金时期，也是我国社会发展过程中各种矛盾的凸显时期。面临着新形势和新任务，中国共产党和国家社会政治生活的主题并没有改变，依然是正确处理新世纪、新阶段人民内部矛盾。同时这也成为发展社会主义市场经济和构建社会主义和谐社会的主

题。毛泽东所著的《关于正确处理人民内部矛盾的问题》为中国共产党和政府正确处理现阶段人民内部矛盾、构建社会主义和谐社会、建设美丽中国提供了思想理论基础。

首先，《关于正确处理人民内部矛盾的问题》为正确认识社会主义和谐社会提供了方法论指导。唯物辩证法的观点认为，矛盾就是对立统一且是无时不在、无处不在的。大家必须清楚地认识到，即使是社会主义和谐社会也是存在矛盾的。所以，如何分析和解决矛盾是中国共产党和政府在新的形势下构建社会主义和谐社会所包含的内容。同时，这也是建设中国特色社会主义的必然要求。毛泽东的这本书系统地阐述了社会主义矛盾论，从而明确指出了要运用马克思主义的唯物辩证法和实事求是态度来分析和解决我国在建设中国特色社会主义过程中所遇到的问题。《关于正确处理人民内部矛盾的问题》要求全党和全体人民在新时期要解放思想，实事求是，坚持把对立统一规律和唯物辩证法运用到实践中去，并且努力掌握驾驭全局的主动权。因此构建社会主义和谐社会就要用唯物辩证法，实事求是地揭露我国社会主义建设过程中存在的矛盾，并且正确分析和解决矛盾。

其次，《关于正确处理人民内部矛盾的问题》为科学分析和解决人民内部矛盾提供了理论依据和科学工具。这本著作的写作背景是在社会主义制度建立初期，我国的社会生产力还不发达，在封闭半封闭和计划经济体制条件下所面临的矛盾十分突出。但随着时代的发展，我国目前正处于改革开放的关键时期，中国特色社会主义向纵深发展，人民内部矛盾呈现出多样化和复杂化的趋势，出现了新特点、新问题和新形式。影响社会的和谐与稳定的主要表现在，诸如人民内部各种利益矛盾突出，收入差距持续拉大，群体性事件呈上升趋势等。《关于正确处理人民内部矛盾的问题》为正确看待和解决现阶段的人民内部矛盾提供了科学工具。一方面，毛泽东划分了人民和敌人的明确界限，指出"在现阶段，在建设社会主义的时期，一切赞成、拥护和参加社会主义建设事业的阶级、阶层和社会集团，都属于人民的范围；一切反抗社会主义革命和敌视、破坏社会主义建设的社会势力和社会集团，都是人民的敌人"。同时他具体划分了人民内部矛盾的种类，包括工人阶级内部矛盾，工人阶级和农民阶级的矛盾，工人阶级、农民阶级和知识分子的矛盾，工人阶级和民族资产阶级的矛盾，农民阶级内部矛盾，民族资产阶级内部矛盾，知识分子内部矛盾等，还"包括国家利益、集体利

181

益同个人利益之间的矛盾，民主同集中的矛盾，领导同被领导之间的矛盾，国家机关某些工作人员的官僚主义作风同群众之间的矛盾"。另一方面，明确指出要采取科学的方法妥善解决人民内部矛盾。毛泽东认为，针对两类不同性质的社会矛盾，要采取不同的解决方法。"我们历来就主张，在人民民主专政下面，解决敌我之间的和人民内部的这两类不同性质的矛盾，采用专政和民主这样两种不同的方法。"即对敌我矛盾采取专政，对人民内部矛盾采取民主。

四、它是经济社会发展"稳定观"的理论来源

毛泽东在《关于正确处理人民内部矛盾的问题》中指出："我们是不赞成闹事的，因为人民内部的矛盾可以用'团结—批评—团结'的方法去解决，而闹事总会要造成一些损失，不利于社会主义事业的发展。我们相信，我国广大的人民群众是拥护社会主义的，他们很守纪律，很讲道理，决不无故闹事。但是这并不是说，在我国已经没有了发生群众闹事的可能性。"毛泽东关于平息闹事，维护社会稳定的观点和论述为经济社会发展"稳定观"的形成提供了理论来源。

随着世界形势和国内建设形势的不断发展，原先存在的各

种矛盾也会发生变化。因此，要顺应这一客观规律，不断地解放思想，不停地创新发展，只有这样才能适应变化了的经济社会发展形势，才能维护社会发展的稳定。在庆祝中国共产党成立90周年大会上胡锦涛强调指出：我们要准确把握世界发展大势和社会主义初级阶段基本国情，并且要深入研究我国发展的阶段性特征。同时，要及时总结党领导人民创造的新鲜经验，抓住经济社会发展重大问题，从而作出新的理论概括，不断促进党的科学理论的发展。这就对党和政府的工作提出了更为明确的要求。在目前的形势下，既要保持和实现当前经济社会发展稳定，在理念认识、工作思路、政策措施等方面不断创新，而且也要进一步丰富、发展和完善马克思主义稳定理论。要科学把握稳定观的本质和内涵，全面推进经济社会发展稳定工作。胡锦涛在这次大会上还指出：我们要遵循社会发展规律，主动正视矛盾，妥善处理人民内部矛盾和其他社会矛盾，不断为减少和化解矛盾培植物质基础、增强精神力量、完善政策措施、强化制度保障，最大限度激发社会活力，最大限度增加和谐因素，最大限度减少不和谐因素。对此，我们一定要保持清晰的认识，当务之急便是要进一步提高各级领导干部保持、维护与推进社会稳定工作的本领，全面把握社会稳定大局，有效应对各种挑战，努力实现经济社会又好又快又稳发展。

综上所述，20世纪50年代面临着复杂的国际和国内形势，毛泽东在深刻总结中国民主革命和社会主义建设实践历史经验的基础上论著了《关于正确处理人民内部矛盾的问题》。它不仅是中国共产党独立自主地对中国特色社会主义建设道路的理论探索，而且对中国共产党人探索和追求中国社会主义建设事业产生了深远的作用和影响。随着社会的不断发展，党和国家的数代领导人对于毛泽东关于正确处理人民内部矛盾的学说进行了进一步的探索和发展，指导了当代中国的发展方向，促进了全面建成小康社会的进程，也有利于实现中华民族伟大复兴的"中国梦"。广大的青少年应当抱着一个不断学习和研究的心态来了解这些理论和学说，不断加强我们自身的思想修养。①

———————————

①本文中直接引自《关于正确处理人民内部矛盾的问题》的内容用双引号标出，不再赘述。